신뢰를 키우고 평등을 가르치는
노르웨이 엄마의 힘

신뢰를 키우고 평등을 가르치는
노르웨이 엄마의 힘

김현정 지음

황소북스

......

노르웨이는 아이와 엄마가 행복해야 나라 전체가 행복할 수 있다고 생각하는 나라다. 그래서 지난 수십 년간 지금의 모습을 만들기 위해 노력해 왔다. 노르웨이 아이들과 엄마들이 누리고 있는 평범한 행복이 당장은 우리에게 괴리감을 줄 수도 있지만, 우리 아이의 미래를 위해 지금부터 준비하고 노력해나가야 할 미래의 모습이라는 생각을 지울 수가 없다.

📖 작가의 글

엄마가 행복해야
아이가 행복하다

얼마 전 딸아이의 유치원에서 한 해를 마무리하는 여름 파티가 열렸다. 놀이터에서 놀던 아이들은 선생님이 부르는 소리에 모여들었다. 부모들도 아이들의 재롱잔치를 보려고 자리를 잡았다. 노래 반주가 나오고 아이들은 노래를 부르기 시작했다. 옷을 맞춰 입지도 않았고, 율동을 맞추지도 않았다. 서 있고 싶은 아이는 서고, 앉고 싶은 아이는 앉아서 불렀다. 노래를 부르지 않아도 상관없었다. 반별로 노래를 한 곡씩 부르는 것으로 재롱잔치는 끝이 났다. 누구에게 '보여주기' 위한 것은 전혀 없었고, 부모들은 그 모습 그대로를 행복하게 지켜보았다.

노르웨이 유치원 교육은 아이들의 안전과 행복을 최우선 순위에 둔다.

덕분에 아이들은 깨끗한 자연 속에서 자유롭게 뛰어노는 일상을 즐긴다. 학교 교육도 이런 맥락에서 크게 다르지 않다. 우수한 아이들을 돋보이게 하기보다는 실력이 부족한 아이들을 먼저 챙기고, 공동체 의식을 늘 강조한다. 노르웨이 교육은 배움의 결과가 아닌 과정을 더 중요시한다. 그래서 친구들과 경쟁할 필요 없는 평가 및 입시 제도를 시행한다. 공식적인 시험을 치를 때도 실력 발휘를 제대로 하지 못했을 경우 재시험의 기회를 제공한다. 그런 까닭에 아이들은 학업 외에도 예체능 활동을 비롯한 다양한 사회적 경험을 하며 학창 시절을 보낼 수 있다.

노르웨이 엄마들은 항상 아이가 원하는 것이 무엇인지 먼저 물어보고, 원하는 것을 할 수 있도록 기다려준다. 스스로 선택하고 행동하도록 내버려두면 아이는 사소한 실수도 많이 하고, 크고 작은 실패를 겪기도 한다. 그러나 엄마들은 아이가 이런 시행착오를 겪는 것을 두려워하지 않는다. 덕분에 아이들은 독립적이고 자기 주관이 뚜렷한 사람으로 자라난다.

노르웨이는 법과 제도를 통해서도 아이들을 존중하고 보호한다. 특히 신체적인 면뿐만 아니라 정서적 안정에도 많은 관심을 기울인다. 아이가 변비나 불면증에 시달리면 가정환경에서 비롯된 스트레스가 아닌지 물어볼 정도다. 또 부모가 이혼할 경우, 양육 책임을 동등하게 지도록 한다. 한 주나 두 주씩 번갈아가면서 공평하게 아이를 양육해야 하기 때문에 이혼을 하더라도 아이의 유치원이나 학교에서 멀리 떨어져 살 수 없다. 만약 부득이하게 양육 책임이 한쪽 부모에게 치우치면 일과 육아를 온전히 병행하는 것이 힘들다고 판단해 경제적인 부분을 지원하는 시스템도 있다.

아이들의 온전한 행복은 엄마들이 행복한 삶을 살 수 있어야 비로소 완성되는 것이라 생각한다. 노르웨이 엄마들은 세계에서 가장 양성평등이 잘 실현된 나라에서 육아를 하고 있다. 노르웨이에는 워킹맘만 있는 것이 아니라 워킹대디도 있기 때문에 엄마가 되었다고 해서 여성으로서 삶이 완전히 달라지지 않는다. 육아 휴직은 부부가 함께 나눠 쓰도록 되어 있고, 유연 근무제나 총 근무 시간을 조절할 수 있는 정규직 제도를 최대한 활용해서 안정된 경제 활동을 한다. 또한 가족을 우선시하는 문화 덕분에 직장에서도 육아와 관련한 배려를 어렵지 않게 받을 수 있다. 가족 내에서도 아빠들은 육아와 집안일의 절반은 자신의 몫이라 여긴다. 그래서 이 책에서 언급한 '엄마'라는 단어를 '아빠'로 바꾸어 읽어도 무방할 만큼 엄마와 아빠의 경계가 모호한 생활을 하고 있다. 내가 문화와 언어가 낯선 노르웨이에 와서 큰 고민 없이 두 아이를 낳고 키울 수 있는 것도 남편이 육아와 집안일의 절반을 책임지고 있기 때문에 가능하다.

일반적으로 북유럽 부모들은 아이들과 보내는 시간이 많고, 아이들과 대화도 잘 통하는 것으로 알려져 있다. 노르웨이 역시 가족이 함께 저녁 식사를 하는 것을 당연한 일로 여긴다. 그러나 맞벌이 부부가 대부분이기 때문에 퇴근 후의 일과는 항상 바쁘게 돌아간다. 그래서 부모들은 아이와 공감대를 형성하기 위해 부단히 노력한다. 특히 어릴 때 가족이 함께한 추억을 심어주려고 애를 많이 쓴다. 하이킹, 자전거, 스키 같은 야외 활동을 함께하거나, 가족의 날을 만들어 매주 한 번은 반드시 함께 시간을 보내는 가정도 많다.

필자 지인의 가족은 아이들이 어렸을 때부터 매주 금요일마다 집에서 모두 함께 영화를 보고 있다. 평소에는 잘 먹지 않지만 이날만큼은 특별히

팝콘이나 감자칩, 음료수를 준비해서 영화관 같은 분위기를 만든다. 관람할 영화는 늘 아이들이 고르는데, 딸만 셋인 집이라 아빠 취향에는 맞지 않지만 아빠도 기꺼이 함께 영화를 본다. 그동안 부모가 아이들의 영화를 성심껏 봐온 덕분에 또래 여자애들의 관심사와 감정을 더 잘 이해하고 아이들이 공감하는 대화를 더 자주 할 수 있었다. 이제는 아이들이 커서 10대가 되었는데, 해외 팝가수의 노래를 듣는 것이 주된 관심사다. 그래서 요즘은 온 가족이 함께 앨범을 듣고, 공연도 함께 다니면서 음악에 대한 이야기를 나누며 지낸다. 매주 가족의 날을 지키는 것도 쉬운 일은 아니지만 정성을 다해 공감대를 만들어가려는 부모의 자세가 더 인상적이었다.

이 책은 한국인 엄마의 시선으로 노르웨이 엄마들이 어떻게 육아를 하며 살아가는지 보고 듣고, 직접 경험한 걸 쓴 것이다. 노르웨이 엄마들 이야기뿐만 아니라 노르웨이 남편과 결혼한 한국인 엄마들의 이야기, 또 우리 부부처럼 노르웨이에서 육아를 하는 한국인 부부들의 이야기도 함께 담겨 있다. 되돌아보니 노르웨이 엄마들은 이곳의 삶이 너무 익숙하고 또 당연한 것이라 여겨서 노르웨이가 얼마나 육아하기 좋은 나라인지, 육아를 할 때 한국과 어떤 부분이 다른지 충분히 설명해주지 못하는 경우가 많았다. 오히려 낯선 이의 시선으로 보고 들었을 때, 노르웨이 엄마의 힘이 어디서 비롯되는지 잘 알 수 있었다.

노르웨이는 아이와 엄마가 행복해야 나라 전체가 행복할 수 있다고 생각하는 나라다. 그래서 지난 수십 년간 지금의 모습을 만들기 위해 노력해왔다. 노르웨이 아이들과 엄마들이 누리고 있는 평범한 행복이 당장은 우리에게 괴리감을 줄 수도 있지만, 우리 아이의 미래를 위해 지금부터 준비하고 노력해나가야 할 미래의 모습이라는 생각을 지울 수가 없다. 이 책에서도 복지 국가로서 노르웨이의 장점을 다양하게 언급하고 있다. 그뿐만 아니라 교육 및 의료 시스템의 장단점, 가족 문화, 직장 문화, 사회적 관습, 자연 환경, 역사적인 부분까지 다양한 이야기를 다룬다. 그리고 북유럽의 다른 나라인 덴마크나 스웨덴, 핀란드 등과는 또 다른 노르웨이 엄마들만의 육아법과 그들 나름의 고충도 함께 담았다.

노르웨이에서 한국인 엄마로 두 아이를 낳고 키우는 것은 그리 녹록하지 않았다. 때로는 고개가 갸웃해지는 일들도 많았다. 그럼에도 불구하고 노르웨이에서의 육아 경험은 나에게 행운이었다.

육아에는 정답이 없다. 노르웨이 육아도 우리에게 정답은 아니다. 하지만 대안이나 차선의 선택을 하고 싶을 때, 또는 새로운 자극이 필요할 때 노르웨이 엄마들의 이야기가 작은 오아시스 역할을 할 수 있길 바란다.

2017년 가을
노르웨이 오슬로에서, 김현정 드림

| 목차 |

작가의 글

1부 노르웨이 엄마들의 특별한 육아법
01 노르웨이 임산부는 산부인과 의사를 딱 한 번 만난다? ● 15
02 노르웨이 엄마들은 모두 전속 육아 도우미가 있다? ● 19
03 나라에서 엄마들에게 바르셀 그룹을 만들어주는 이유는? ● 22
04 키즈 카페보다 열린 유치원이 인기 있는 이유는? ● 26
05 노르웨이 아이들에게는 유모차가 제2의 엄마 품이다? ● 29
06 아이에게 시판용 이유식을 먹여야 한다고요? ● 33
07 노르웨이 엄마들은 왜 '욱'하지 않을까? ● 36
08 노르웨이 엄마가 아이들에게 돼지 간을 먹이는 이유는? ● 40
09 노르웨이 엄마들은 어떻게 육아 스트레스를 풀까? ● 43
10 노르웨이 아이들에게는 정해진 겨울 복장이 있다? ● 46

2부 노르웨이 엄마들의 지혜로운 자녀교육법
11 십계명보다 '얀테의 법칙'을 먼저 가르치는 이유 ● 53
12 부모로부터 물려받아야 할 최고의 유산은 자립심 ● 56
13 노르웨이 엄마들은 끼니 챙기듯 취침 시간을 챙긴다 ● 61
14 노르웨이 부모들은 아이들과 오지 여행을 즐긴다 ● 66
15 노르웨이에서는 '좋은 부모 되기' 강좌가 인기다 ● 69
16 노르웨이 사람들은 발에 스키를 신고 태어난다 ● 72
17 노르웨이에는 조기 교육이 없다 ● 75
18 노르웨이 아이들이 모국어만큼 영어를 잘하는 이유 ● 79
19 아이에게 콘돔을 챙겨주는 노르웨이 엄마들 ● 83
20 노르웨이 엄마들의 현명한 미디어 교육법 ● 88

3부 노르웨이식으로 함께 크는 엄마와 아이
21 노르웨이 엄마들의 필수 출산 준비물 ● 95
22 노르웨이 아이들은 왜 떼를 쓰지 않을까? ● 100
23 노르웨이에도 '돌치레'라는 말이 있을까? ● 103
24 노르웨이 의사가 처방전 대신 주는 것은? ● 106
25 노르웨이 엄마들이 부엌에서 자유로울 수 있는 이유 ● 110
26 아이들에게도 사진 찍히지 않을 권리가 있다 ● 113
27 아이 옷이 더러울수록 만족하는 노르웨이 엄마들 ● 117
28 〈겨울 왕국〉의 사랑 전도사 '트롤'과 함께 크는 아이들 ● 120
29 아이들이 주인공인 노르웨이 명절 이야기 ● 125
30 노르웨이 아이들은 한 달 동안 크리스마스 선물을 받는다 ● 128
31 노르웨이 국왕만큼 유명한 라면왕 이철호 ● 132
32 노벨 평화상만 왜 노르웨이에서 시상할까? ● 135

4부 노르웨이식 사회 문화가 건강한 아이를 만든다

33 산후 우울증에 걸릴 틈이 없는 노르웨이 엄마들 ● 141
34 물가는 비싸지만 기저귀값만큼은 세계 최저 ● 144
35 모든 아이는 충분히 자유롭게 놀 권리가 있다 ● 147
36 노르웨이 아이들에게 자연은 가장 좋은 인생 교과서 ● 151
37 노르웨이에서 숙제 철폐 운동을 하는 이유 ● 154
38 '두그나드'로 협동과 봉사 정신을 가르친다 ● 157
39 노르웨이 아이들은 자유형이 아니라 생존 수영을 배운다 ● 160
40 노르웨이 아이들은 국경일 행사에서 애국심을 배운다 ● 163
41 생일 파티에 친구를 초대할 때 지켜야 할 규칙 ● 167
42 돈이 아니라 행동으로 기부하는 법을 가르친다 ● 170
43 80세의 노르웨이 국왕이 페이스북 스타가 된 이유는? ● 173

5부 노르웨이식 육아 문화가 행복한 엄마를 만든다

44 아이가 성인이 될 때까지 나오는 양육 수당 ● 179
45 노르웨이에 전업주부가 없는 이유 ● 183
46 엄마가 일을 해야 양성평등을 실현할 수 있다 ● 186
47 오페어(Au pair)가 있을 뿐, 황혼 육아는 없다 ● 190
48 휴가비 챙겨주며 가족 휴가를 보장하는 나라 ● 193
49 노르웨이의 무시무시한 아동보호법 ● 197
50 노르웨이 아빠가 육아를 잘하는 이유 ● 201
51 전 세계 아이에게 선물하고 싶은 노르웨이 복지 3종 세트 ● 206
52 노르웨이에는 캐릭터 과자가 없다 ● 211
53 신뢰가 기반인 사회에서 아이를 키운다는 것은? ● 213

6부 노르웨이식 교육 문화가 강인한 나라를 만든다

54 사교육 덕분에 더 행복한 노르웨이 아이들 ● 219
55 아이들의 사회성 발달을 위한 특별한 숙제 ● 223
56 학교 상담에 성실하게 참여하는 것은 부모의 의무 ● 227
57 왕따를 예방하고 육아 품앗이를 실천하는 벤네그루페 ● 231
58 벼룩시장의 주인은 아이들이다 ● 234
59 안전 과민증의 나라, 노르웨이 ● 237
60 교실에서의 평등이 노르웨이를 평등 사회로 만든다 ● 240
61 시위와 정당 가입으로 사회 참여를 실천하는 아이들 ● 243
62 노르웨이 아이들은 모두 1등이 될 수 있다 ● 246
63 노르웨이에서는 대학을 나오면 손해 ● 249
64 세상에서 가장 자유로운 학교 '포크하이스쿨' ● 252

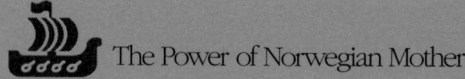

1부
노르웨이 엄마들의 특별한 육아법

......

보건소에는 태아의 상태를 확인할 수 있는 초음파 기계가 없었다. 아이가 얼마나 컸는지, 잘 크고 있는지는 배 둘레를 재는 것으로 대신했다. 한국 산부인과에서 5개월 차까지 진료를 받은 경험이 있던 나는 처음에 미드와이프가 줄자로 내 배 둘레를 재는 것을 보고 피식 웃음이 났다. 21세기에 줄자로 배 둘레를 재며 임신부 진료를 한다고?

노르웨이 임산부는 산부인과 의사를
딱 한 번 만난다?
01

나는 노르웨이에서 자연 분만으로 두 아이를 출산했다. 한국에서 아이를 낳고 기르는 지인들은 걱정을 많이 했지만 첫아이를 임신한 직후부터 자연주의 출산에 관심이 많았다. 특히 노르웨이에서 출산한 산모들의 후기를 본 후, 임부 진료 및 분만 과정에 기대감과 신뢰를 갖게 되었고, 그 덕분에 의료적인 행위 없이 건강하게 출산을 했다.

노르웨이 엄마들은 대부분 한국의 자연주의 출산과 비슷한 방식으로 아이를 낳는다. 임신 중 진료를 받는 과정도 의료 기술의 혜택보다는 상담과 산모 교육 위주로 이루어진다.

임신 6개월의 몸으로 노르웨이 땅을 처음 밟은 나는 도착하자마자 지역 보건소를 찾아갔다. 지역 보건소에서는 나와 아이의 검진을 담당할 미드와이프를 지정해주었다. 미드와이프는 한국의 산파와 비슷한 역할을 하는 사람으로, 임신부 건강에 대한 조언과 출산을 대비한 여러 가지 안내를 해준다. 개인 주치의에게 출산 전 진료를 받을 수도 있었지만 나는 임신과 출산에 대해 더욱 전문성을 가진 사람은 미드와이프라고 생각했다. 그래서 미드와이프에게 진료를 받기로 했다.

나는 한 달에 한 번 미드와이프와 만났다. 매번 갈 때마다 소변 검사를 하고, 몸무게 변화와 혈압을 체크했다. 그리고 식사를 어떻게 하는지, 잠은 잘 자는지, 운동은 어느 정도 하는지 일상생활에 대한 이야기를 많이 나누었다. 다음 예약된 임산부가 있다 하더라도 나에게 주어진 시간이 적어도 30분 정도는 되기 때문에 천천히 궁금한 것을 물어보고 여러 가지 조언을 들을 수 있었다.

보건소에는 태아의 상태를 확인할 수 있는 초음파 기계가 없었다. 아이가 얼마나 컸는지, 잘 크고 있는지는 배 둘레를 재는 것으로 대신했다. 한국 산부인과에서 5개월 차까지 진료 경험이 있던 나는 처음에 미드와이프가 줄자로 내 배 둘레를 재는 것을 보고 웃음이 났다. 21세기에 줄자로 배 둘레를 재며 임신부 진료를 한다고? 미드와이프는 아이에게 별 이상이 없다는 증거로 심장 소리도 들려주었다. 인터넷에서 누구나 구입 가능한 태아심음측정기를 사용했다. 작은 기계에서 흘러나오는 심장 소리를 듣는 것으로 아이의 손과 발, 얼굴을 보지 못하는 아쉬움을 달랠 수밖에 없었다.

이러한 진료 시스템 때문에 보통의 건강한 임부들은 산부인과 전문의를 만날 수 없다. 임부의 건강에 문제가 있는 경우, 예를 들면 여러 번 유산을 한 적이 있다거나 지병이 있어 특별한 관리가 필요한 경우에는 지역 보건소와 연계된 산부인과 전문의에게 지속적으로 진료를 받을 수 있다. 그러나 일반적인 경우에는 지역 보건소의 미드와이프나 개인 주치의에게 진료를 받는다.

 산부인과 의사를 만나는 것은 18주에 초음파 진료하러 갈 때 딱 한 번이다. 의사는 태아의 발달 상황을 정밀하게 체크하고 부모가 원할 경우 성별도 알려준다. 임신 중 초음파를 여러 번 하는 것은 아니기 때문에 이때를 놓치면 성별을 알지 못한 채 출산하는 경우도 있다. 노르웨이의 모든 병원은 나라에서 운영하지만, 사설 병원이 있기는 하다. 그래서 개인적으로 사설 산부인과에 가면 초음파 진료를 받을 수 있다. 그러나 한 번에 1000크로네(현재 1크로네는 150원, 한화 15만 원)가 넘는 비용을 지불해야 하기 때문에 초음파 진료를 꼭 추가로 받아야 할 이유가 없는 한 일부러 사설 병원을 찾아가지는 않는다.

 임신 후기에 접어들었을 때쯤 나는 담당 미드와이프를 만나 아이가 혹시 역아는 아닌지 걱정이 된다고 이야기했다. 미드와이프는 배를 여기 저기 눌러보더니 남편에게 배 아래 쪽을 짚어주었다. "머리가 만져지세요?"라는 미드와이프의 질문에 남편과 나는 깜짝 놀랐다. "배 속 태아의 머리가 만져진다고요?" 남편은 미드와이프가 시키는 대로 배를 눌러보더니 딱딱한 것이 만져지는 것 같다고 했다.

 한국에서는 막달이 되면 더 자주 초음파 진료를 한다던데, 출산이 임박해서도 손으로 배를 눌러 아이를 만져보고 배 둘레를 자로 재면서 아이 몸무게까지 이야기하니 믿어야 할지 말아야 할지 의심스러웠다. 하지만 나는 이런 전통적인 방법의 진료만 받으며 출산날을 기다렸다.

 노르웨이에서는 진통이 5분 간격으로 생기면 병원에 연락하라는 안내를 받는다. 병원에 가도 자궁문이 덜 열려 있으면 집으로 돌아가서 기다리라고 하는 경우가 많아 나 또한 최대한 진통을 참다가 병원으로 갔다. 병원 분만실에는 나와 남편 둘뿐이었다. 매 시간 자궁문이 열린 정도와 산모의 상태를 체크하는 것 외에는 모든 진통을 남편과 함께했다. 남편은 아이의 머리가 보일 때쯤 출산이 임박한 것 같다는 호출을 미드와이프에게 전달했다. 분만실에도 역시 산부인과 의사는 없었다. 초음파 진료 또한 하지 않았다. 미드와이프는 절대 재촉하지 않는다. 응원하고 기다리며 조언을 해주는 역할만 한다. 본인의 근무 시간이 끝나면 다음 근무자가 오기 때문에 초산의 경우에는 담당 미드와이프가 여러 번 바뀌는 경우도 있다.

　출산 과정에서 의학적 도움이 필요한 산모는 5퍼센트 정도라고 한다. 그렇다면 그 밖에 대다수 임신부는 그 옛날 많은 어머니들처럼 아이를 낳을 수 있다는 말이다. 노르웨이에서는 자연 분만이 가능하다는 의료적 판단이 서면 역아의 경우에도, 조산이 필요한 경우에도 제왕 절개 대신 자연 분만을 한다. 출산 과정에서 의료진의 도움이 필요한 긴급 상황이 발생할 때에만 병원에서 대기하고 있는 의사를 호출한다. 그럼에도 불구하고 여성이 평생 동안 임신 및 출산 관련 질병으로 사망할 위험도를 나타내는 '생애모성사망률'이 한국은 2900명 중 1명인 데 반해 노르웨이는 1만 4900명 중 단 1명이다(2013년 기준). 노르웨이는 세계에서 가장 안전하게 출산을 할 수 있는 나라다.

　노르웨이 엄마들은 산부인과 의사 없이 출산하는 것을 당연하게 여긴다. 미드와이프 역시 도와주는 사람일 뿐이다. 임신과 출산은 질병이 아니다. 나는 노르웨이에서 의사 없이 출산이 가능하고, 가장 자연스럽고 안전한 출산은 의사 없이 이루어진다는 것을 두 번의 경험을 통해 믿게 되었다.

노르웨이 엄마들은
모두 전속 육아 도우미가 있다?
02

노르웨이에서는 산모와 아기의 건강에 문제가 없다면 출산 이틀 후 퇴원을 한다. 집으로 돌아오자 지역 보건소에서 전화가 왔다. 아이와 산모를 보러 찾아오겠다는 것이었다. 노르웨이는 출산을 하는 지역 병원과 정부 행정 시스템이 연결되어 있기 때문에 산모가 따로 아이의 출생을 알릴 필요가 없다. 그래서 영유아를 전담하는 지역 보건소에서는 아이가 태어난 것을 통보받는 즉시 헬세쇠스테르(helsesøster) 중 한 명을 아이의 전속 간호사로 지정해준다. 헬세쇠스테르는 0세에서 20세 사이의 영유아, 어린이, 청소년의 신체적·정신적 건강을 전문적으로 보살피는 간호사다.

딸아이의 전속 간호사로 지정된 카리는 아이가 생후 9일 되던 날 집으로 찾아왔다. 카리는 먼저 아이의 건강 상태를 확인해주었다. 노르웨이 병원에서는 건강상 문제가 없는 경우 태어난 아이에게 분유를 먹이지 않고 엄마의 모유가 자연적으로 나올 때까지 기다리게 한다. 그래서 아이의 몸무게가 다소 줄어든 상태로 퇴원을 한다. 카리는 제일 먼저 아이의 몸무게가 늘어났는지, 모유 수유하는 데 문제가 없는지 확인했다. 그리고 키와 머리 둘레까지 잰 후 '건강 수첩(helseboka)'에 병원에서부터 현재의 상태까지를 모두 기록해주었다. 내가 사는 지역에서는 산모에게 건강 수첩을 챙겨주지만, 보건소에서 아이의 성장 발달과 예방 접종에 관한 자료를 모두 관리하기 때문에 지역에 따라 건강 수첩을 사용하지 않는 경우도 있다.

아이의 건강 상태를 확인한 다음 카리는 우리 집이 신생아가 지내기에 적당한 환경인지 둘러봤다. 그리고 아이가 신선한 공기를 마시고 햇빛을 잘 받을 수 있도록 창가 쪽에 침대를 두라고 조언해주었다. 또한 앞으로 아이가 받아야 할 예방 접종 종류와 건강 검진 일정을 알려주고 보건소 방문 날짜를 예약해주었다. 출산 휴가를 받아서 집에 있던 남편에게도 아이와 산모를 보살피는 데 도움이 될 만한 조언을 하고, 각종 육아 정보와 안전 수칙 등을 담은 책자도 챙겨주었다.

사실 나는 아이를 건강하게 출산해야겠다는 생각에만 집중한 나머지 예방 접종은 어떻게 해야 하는지, 건강 검진은 어떻게 해야 하는지 아무런 정보가 없었다. 그런데 보건소에서 직접 전속 간호사를 지정해 집으로 보내주고, 앞으로의 일정까지 알려주니 외국인임에도 불구하고 시행착오를 전혀 겪지 않았다.

전속 간호사의 역할은 집을 한 번 방문하는 것으로 끝나는 것이 아니다. 예약한 날짜에 보건소에 가자 카리가 아이의 신체 발달 상황을 체크하고 예방 접종을 놔주고, 아이의 식생활과 습관 등 육아 전반에 대한 상담을 해주었다. 또 엄마인 내게 육아를 하는 동안 힘든 부분은 없는지, 산후우울증을 예방하기 위해 어떻게 생활해야 좋은지 등도 조언해주었다. 첫째를 낳고 2년 후 태어난 둘째의 전속 간호사도 카리였다. 그래서 카리는 첫째와 둘째의 성격이 어떤 부분에서 다른지 기억할 만큼 나와 교류를 꾸준히 해왔다. 외국에서 아이를 키우는 것에 대한 고민도 함께 나누고 이유식이나 잠버릇, 단유 등에 관해 상담을 하면 우리 가족의 상황에 맞게 조언을 아끼지 않았다.

노르웨이에서는 아이가 두 살 또는 두 살 반이 되면 전속 간호사를 통해 신체와 지능, 정서 발달에 관한 설문지를 작성한 후 검진을 받는다. 이때 특별한 문제가 없으면 더 이상 전속 간호사와의 정기적인 만남은 없다. 하지만 이 시기 이후에도 육아 관련 문제로 상담을 받고자 할 경우 얼마든지 전속 간호사와 연락을 취할 수 있다. 예를 들어 아이가 기저귀를 잘 떼지 못한다거나, 수면 습관이 제대로 잡히지 않는다거나, 잘못된 행동을 해서 일상생활에 문제가 있을 때 전속 간호사와 상담을 하면 된다. 만약 더 전문적인 도움이 필요하다고 판단되면 전속 간호사는 전문의나 전문가를 연결해준다. 결국 노르웨이 엄마들은 전문 육아 도우미와 함께 아이를 기르는 셈이다.

노르웨이에서 태어난 모든 아이들의 건강 관리를 철저하게 나라가 책임지는 이 시스템은 모든 노르웨이 엄마들이 누리는 무상 복지 서비스다. 육아에 미숙한 엄마일지라도 전속 간호사의 전문적이고 지속적인 도움을 받을 수 있다는 점이 역시 노르웨이가 최고의 복지 국가라는 생각을 하게 만든다.

나라에서 엄마들에게
바르셀 그룹을 만들어주는 이유는?
03

"출산한 부모들의 모임에 초대합니다!"

아이가 3개월쯤 되었을 때, 지역 보건소에서 '바르셀 그룹(Barsel Gruppe)' 모임을 안내하는 편지가 왔다. 새롭게 부모가 된 사람들끼리 네트워크를 구성할 수 있도록 지역 보건소가 나서서 모임을 만들어주는 것이다. 원칙적으로는 부모를 위한 모임이지만 아이가 생후 3~4개월일 때 만들어지기 때문에 대부분 엄마들이 참여한다. 그래서 결국 '같은 동네에 살면서 비슷한 시기에 출산한 엄마들의 모임'이 바르셀 그룹이다. 한국의 산후조리원 동기 모임과 비슷하다고 보면 될 것 같다.

지역 보건소에서 주소와 출생일을 기준으로 5~6명의 아이들을 모아 한 그룹을 만든다. 상황에 따라 첫아이의 부모가 대다수인 그룹일 수도 있고, 둘째를 낳은 엄마가 많은 그룹일 수도 있다. 오슬로처럼 큰 단위의 지자체에서는 엄마들이 홈페이지에 직접 신청하면 바르셀 그룹을 만들어준다.

아기가 4개월이 되면 첫 바르셀 그룹 모임을 하는데, 처음 2주 정도는 그룹을 담당하는 간호사가 보건소로 엄마들을 초대해 모임을 갖도록 도와준다. 그 후에는 일주일에 한 번, 집집마다 돌아가면서 모임을 갖는다. 때로는 밖에서 모여 유모차를 끌며 산책하고, 커피를 마시고, 쇼핑도 하며 하루를 함께 보낸다.

첫째를 낳은 후, 바르셀 그룹 모임에 간 적이 있었다. 그런데 하필이면 그날 아침 눈이 펑펑 쏟아졌다. 악천후를 뚫고 모인 엄마는 총 3명. 서로 의사소통도 잘되지 않아 바르셀 그룹은 결국 흐지부지되고 말았다.

2년 후 둘째 아이의 바르셀 그룹 모임에 가게 되었다. 두 번의 보건소 모임에 참석을 못했던 터라 담당 간호사가 챙겨준 그룹 리더의 전화번호로 연락해 집주소를 받았다.

'나 빼고는 다들 구면이겠네. 나만 외국인이면 어떡하지?'

용기와 소심함이 번갈아 심장을 뛰게 만든 첫 모임에서 나는 노르웨이 엄마 4명과 포르투갈 엄마 1명을 만났다. 노르웨이 엄마 2명은 서로 잘 아는 사이였다. 첫아이 때 이미 같은 바르셀 그룹이었고, 첫째들은 같은 유치원에 다닌다고 했다. 두 엄마는 둘째 아이의 바르셀 그룹에서 첫째 아이들의 유치원 이야기를 더 많이 했다. 실제로 아이를 기르는 노르웨이 부모는 아이의 친구 관계를 중요하게 여겨서 중간에 이사를 잘 가지 않는다. 그 때문에 생후 4개월이 되었을 때 바르셀 그룹에서 만나 같은 유치원과 초등학교를 다니다가, 아이들이 성인이 될 때까지도 그 인연을 이어가는 경우가 종종 있다. 그런 걸 보면 바르셀 그룹은 엄마들의 육아를 돕기 위한 시스템이기도 하지만 아이들에게는 평생 함께할 소꿉친구를 만들어주는 기능을 하기도 한다. 또 한 명의 노르웨이 엄마는 엘리자베스였다. 우리는 서로를 한눈에 알아보았다. 엘리자베스는 내가 첫째를 데리고 자주 가던 동네 베이비송 프로그램에서 만난 적이 있었다. 그런데 둘 다 비슷한 시기에 둘째를 낳아 바르셀 그룹에서 재회한 것이다. 안면 있는 엄마가 있으니 어색함도 덜하고 모임 분위기에 더 빨리 익숙해질 수 있었다.

그리고 너무나 다행스럽게도 우리 그룹에는 나와 비슷한 처지의 외국인 엄마가 있었다. 포르투갈에서 온 실비아는 노르웨이어를 전혀 못했다. 그래서 바르셀 그룹 모임에 실비아가 오는 날이면 다른 엄마들이 영어로 더 많이 이야기를 나눠줘서 좋았다.

우리 바르셀 그룹에는 돌쯤 된 흑인 여자아이도 있었다. 노르웨이 엄마인 아네타가 아프리카에서 입양한 아기였는데, 다른 아이들과 6개월 정도 차이가 나서 혼자 의자에 앉아 이유식을 먹곤 했다. 그 당시 우리 그룹의 다른 엄마들은 모두 둘째를 키우는 중이었는데, 아네타만 유일하게 첫아이여서 돌쟁이 아이를 키우는 것에 대한 질문을 많이 하곤 했다.

시간이 흘러 아기 아빠들의 육아 휴직 기간이 시작되자 엄마들은 직장으로 돌아갔다. 실비아도 얼마 후 다시 학업을 시작했다. 그동안 우리는 거의 매주 만나 어젯밤에는 아기가 몇 번을 깼고, 이유식을 언제 어떻게 시작할 것이며, 어떤 육아용품이 좋다는 것까지 소소한 이야기를 나누었다. 우리 집에서 모였을 때는 김치냉장고와 밥솥을 보고 신기해했다. 두껍고 넓은 한국산 놀이 매트를 부러워하며 한국에 대한 이런저런 질문을 했던 기억도 난다.

바르셀 그룹 덕분에 외국인인 나도 노르웨이 엄마들이 어떻게 육아를 하는지, 어떤 고민을 하는지 가까이서 보고 들을 수 있어 좋았다. 비슷한 시기에 출산한(입양이어도 상관없다) 동네 엄마들의 모임을 직접 만들어주겠다는 생각은 어떻게 했을까? 이 모임이 엄마들에게 얼마나 큰 의지가 되는지 어떻게 알았을까? 엄마들에게 필요한 것을 미리 알고 챙겨주는 섬세함. 그 섬세함 덕분에 노르웨이는 육아 선진국일 수밖에 없다.

키즈 카페보다 열린 유치원이 인기 있는 이유는?

04

　노르웨이에서 육아를 하며 가장 도움이 된 것을 한 가지 이야기하라면 바로 '열린 유치원(Åpen barnehage, Open kindergarten)'이다. 열린 유치원은 부모가 아이와 함께 가서 놀 수 있는 곳이다.

　열린 유치원은 사전에 등록할 필요 없이 원할 때 언제든지 갈 수 있다. 미리 예약해야 할 필요도 없고 당일 이용 가능 여부를 확인할 필요도 없이 가고 싶은 날, 가고 싶은 시간에 마음대로 갈 수 있다는 얘기다. 열린 유치원마다 조금씩 다르지만 운영 시간은 보통 오전 9시 이후부터 오후 2시 정도까지다. 매일 문을 여는 곳도 있고 주 2회만 문을 열거나 금요일을 제외하고 문을 여는 곳도 있다. 육아를 해보면 엄마가 어린 아이를 데리고 약속된 시간에 맞춰 어떤 곳을 간다는 게 쉽지 않다. 오늘 갈 수도 있고, 내일 갈 수도 있는 곳. 나와 내 아이의 컨디션과 상황에 따라 일찍 가도 되고, 늦어도 상관없는 곳. 이것이 열린 유치원의 가장 큰 장점이다.

열린 유치원은 무료이고 보통은 공립 유치원의 여유 공간에 있다. 기본적으로 아이들의 놀이 공간과 점심을 먹을 수 있는 공간, 화장실을 구비해 놓았다. 유아용 식탁 의자는 물론 수저와 접시도 있다. 커피나 음료는 무료인 곳도 있고 10크로네(한화 1500원) 정도를 내야 하는 곳도 있다.

취학 전 아이라면 누구나 이용할 수 있다. 돌은 지났지만 유치원을 신청하지 않았거나 자리를 얻지 못해서 오는 경우, 유치원에 다니다가 이사하는 바람에 새로운 유치원 자리를 얻지 못한 경우도 있다. 그러나 대부분은 돌 전후 시기의 아이들이다. 이 시기 아이들은 움직임이 많아져 가만히 있지 않고 온갖 곳을 돌아다니며 어지른다. 집에 있는 장난감은 이미 지루하거나 관심이 없다. 부모는 집에 있는 것이 힘들고, 아이에게는 새로운 자극이 필요하다. 집 밖에 나오는 것이 부모나 아이, 모두에게 좋다.

아이들은 또래가 있을 때 더 잘 놀고, 엄마도 근처에 사는 다른 엄마를 만날 수 있어 좋다. 열린 유치원에서 만난 엄마들끼리의 교류는 육아에 집중된 삶에 새로운 자극을 준다. 육아 고민도 나눌 수 있고, 육아 정보도 얻을 수 있다. 특히 외국인 입장에서는 노르웨이 엄마들을 만나기가 쉽지 않은데, 나는 열린 유치원에서 노르웨이 육아에 대한 거의 모든 것을 경험했다고 해도 과언이 아니다. 노르웨이 엄마는 어떻게 아이들을 대하는지, 어떤 것을 먹이는지, 날씨에 따라 어떻게 옷을 입히는지 그 하나하나가 나에게는 육아 공부였다.

노르웨이에도 키즈 카페가 있지만 열린 유치원을 더 선호한다. 무료인 데다 선생님도 있기 때문이다. 열린 유치원에 근무하는 선생님은 모두 지자체 소속으로 부모에게는 좋은 상담자, 아이들에게는 좋은 교육자이기도 하다.

    열린 유치원에도 교육 프로그램이 있다. 내가 다니던 곳은 오전 11시가 되면 엄마와 아이가 함께 동그랗게 모여 앉아 노래를 부르는 시간이 있었다. 다 함께 동요를 부르면서 율동을 한다. 선생님에 따라 동요를 부르는 스타일이 조금씩 다르다. 어떤 곳은 선생님이 고른 노래를 그냥 따라 부르고, 어떤 곳은 아이들이 돌아가며 하나씩 선택한 노래를 부른다. 나는 사실 이 시간 때문에 열린 유치원에 간다. 노래 수업을 따로 등록해서 다닐 필요도 없고, 동요를 통해 아이에게 노르웨이어를 가르칠 수 있기 때문이다. 이 외에 물감 놀이를 하는 날, 악기를 만져보는 날, 공작을 하는 날도 있다.

    열린 유치원에 오는 엄마들은 아이가 정식 유치원에 다니기 전 어느 정도 단체 생활 분위기를 경험할 수 있기를 바란다. 함께 노래를 부르는 것, 친구와 장난감을 공유하는 것, 도시락을 먹는 것 등 열린 유치원에서 하는 모든 행동이 유치원에 가기 위한 준비인 것이다. 첫아이는 나와 함께 열린 유치원에 자주 다닌 덕분에 정식 유치원에 적응하는 과정이 좀 더 수월했다. 외국에서 아이를 키운다는 건 낯설고 막막할 때가 많다. 지나고 나니 열린 유치원 덕분에 그런 막막한 고비를 조심스레 넘겨온 것 같다.

노르웨이 아이들에게는
유모차가 제2의 엄마 품이다?
05

"아이는 울리지 말고 무조건 많이 안아줘야 한다."

산후 조리를 위해 노르웨이까지 온 친정어머니가 첫아이를 낳은 나에게 매일 하시던 말씀이다. 이미 삼십 몇 년 전인 그 기억이 정확한지는 알 수 없지만, 친정어머니는 내가 아기였을 때 나를 거의 울리지 않고 키웠다고 했다. 그 말 때문이었을까. 친정어머니가 한국으로 돌아가신 후 나는 아이를 울리지 않으려고 부단히 애를 썼다. 울면 재빨리 달려가서 보듬고, 졸려서 칭얼대면 포대기로 안아 재웠다. 낮잠을 재우려면 내내 안고 있어야 했다. 그게 모두 아이를 위한 것이라 생각하고 한 행동이었다. 하지만 결국 손목도 아프고, 허리도 아프고, 밥도 제대로 먹지 못해 늘 컨디션이 좋지 않았다.

하지만 둘째 때는 달랐다. 남편의 출산 휴가 2주가 끝나면 육아에 살림까지 나 혼자 감당해야 하는데, 첫째 때처럼 하는 것은 불가능하다는 생각이 들었다. 결국 나는 친정어머니가 2년 전 나에게 한 조언을 잊기로 했다. 그리고 그동안 노르웨이 엄마들에게 배운 '유모차 육아법'을 적극 실천해 보기로 했다. 결론 먼저 이야기하자면, 나는 유모차 육아법 덕분에 너무 여유롭고 행복했다.

노르웨이 아이들은 태어나자마자 요람형 유모차에 누워 산책을 시작한다. 병원에서 퇴원할 때 조언해주는 것 중 하나가 아이와 매일 산책하라는 것이다. 공기 좋은 나라에 살아서 그런지 신생아가 외부 환경에 노출되어 감염의 위험이 있을 수도 있다는 생각은 전혀 하지 않는 것 같다. 한국이었으면 조리원 신생아실에 있었을 딸아이는 태어난 지 일주일이 채 되지 않았을 때부터 유모차를 타고 산책을 시작했다.

몸이 좀 회복되었다 싶을 때부터는 유모차를 끌고 집에서 2킬로미터 정도 떨어진 시내까지 걸어다녔다. 아이는 집에서 칭얼거리다가도 밖에 나가면 좋아했다. 우리 집에서 시내까지 걷는 길에는 요트가 정박되어 있는 오슬로 피오르가 보이고, 시내 쇼핑몰을 지나면 바닷가 산책로도 나온다. 집에서는 그림책에나 있을 하늘의 구름, 새, 나무, 오리나 백조를 직접 보여주었다. 집에 있으면 해야 할 집안일이 계속 눈에 밟히고, 아이와 놀아도 시간이 더디 갈 때가 많았다. 그런데 바닷가까지 산책하고 오면 나름 운동도 되고, 하루가 금방 지나가서 좋았다.

나중에는 용기가 생겨서 더 멀리 산책을 다녔다. 버스를 타고 가까운 호수나 바닷가를 찾아갔다. 노르웨이 버스는 거의 모두가 저상 버스라 유모차에 아이를 태운 채 승하차할 수 있다. 유모차 두 대는 기본이고, 오슬로 시내의 긴 버스에는 4~5대까지 실을 수 있다.

노르웨이에서 유모차는 휠체어와 마찬가지로 배려해야 하는 보행 약자다. 그래서 사람들은 유모차를 배려하는 태도가 몸에 배어 있다. 유모차를 끌고 다니면 내성적인 노르웨이 사람들도 도움이 필요한지 먼저 말을 건다. 사실 유모차를 끌고 자유롭게 이동할 수만 있어도 육아하는 엄마 입장에서는 큰 위안이 된다. 나는 노르웨이 엄마들의 '유모차 육아'가 가능한 이유는 바로 유모차를 이용한 이동이 자유롭기 때문이라고 생각한다.

처음에는 낯선 광경 중 하나였는데 노르웨이에서는 유모차가 엄마들의 운동 도구로도 쓰인다. 가볍게 뛰는 것이 아니라 육상 경기에 나가는 선수처럼 운동복을 차려입고 전력 질주를 한다. 그렇게 달리기를 하는 엄마들은 아이와 함께 산책하려는 게 아니라 운동 목적으로 밖에 나온 것이 분명했다. 한국에서는 '신생아 흔들림 증후군'도 걱정하는데, 그렇게 달리면 멀미가 나지는 않을까 염려스럽기까지 했다.

노르웨이 엄마들은 비바람이 몰아쳐도, 눈이 펑펑 내려도 산책을 한다. 그런데 궂은 날씨에 유모차를 끌고 나오는 이유는 아이에게 산책을 시켜 주기 위해서인 경우도 있지만 낮잠을 재워야 하기 때문인 경우가 더 많다. 아이들은 시원하고 때로는 차가운 공기를 마시며 길이 주는 여러 진동을 자장가 삼아 잠을 잔다.

나의 경우 첫째 아이의 잠자는 습관 때문에 고생을 많이 했던지라 둘째 때는 처음부터 유모차로 낮잠을 재웠다. 낮잠 잘 시간이 되면 일단 유모차에 태워서 산책을 나갔다. 너무 졸릴 때는 나가려고 준비하는 중에 유모차에서 잠들 때도 있었다. 나중에는 현관이나 테라스에 유모차를 두고 눕혀만 줘도 잠이 들곤 했다. 유모차에 누워서 스스로 잠든 습관 때문인지 둘째

31

는 지금도 안아주면 잠을 못 잔다.

노르웨이 엄마들은 아이가 칭얼거리고 울더라도 잘 안아주지 않는다. 공갈 젖꼭지를 물리고, 그래도 보채면 유모차에 태워서 산책을 한다. 유모차를 좌우로 막 흔들면서 달랜다. 그러면 신기하게도 아이는 이내 잠잠해질 때가 많다.

그리고 아이를 유모차에 눕힌 채 밖에서 재운다. 여름에는 햇빛이 얼굴에 비치지 않도록 검은 방충망을 유모차에 씌워 그늘을 만들어주고, 겨울에는 따뜻한 옷에 장갑과 모자까지 씌우고 양털 풋머프 안에 아이를 눕혀 재운다. 추운 겨울날 엄마는 카페 안에서 커피를 마시고 아이는 카페 밖 유모차에서 잠들어 있는 경우도 종종 볼 수 있다. 나는 한국 엄마인지라 겨울에 잠든 아이를 밖에 둘 일이 생기면 유모차에 풋머프를 하고 그 위에 방풍 커버까지 씌운다. 노르웨이 엄마들은 방풍 커버를 씌우면 유모차 안의 공기가 더워져 아이가 깊이 잘 수 없다며 나의 그런 행동에 고개를 갸우뚱하기도 한다.

실제로 아이들은 실내에서보다 야외의 유모차 안에서 더 깊이 잠든다. 유모차를 끌고 산책을 계속하면 더 잘 잔다. 아이들은 유치원에 가서도 유모차 안에서 낮잠을 잔다. 유치원 건물 처마 밑에는 늘 아이들의 유모차가 줄지어 서 있다.

노르웨이 엄마들의 유모차 육아법의 핵심은 엄마의 체력 소모를 최대한 절약하는 데 있다. 노르웨이 아이들에게 유모차는 제2의 엄마 품이다.

아이에게 시판용 이유식을 먹여야 한다고요?
06

노르웨이 보건소에서는 아기가 4개월쯤 되면 이유식을 조금씩 시작하라고 권한다. 그리고 이유식 관련 정보를 담은 책도 나누어준다. 하지만 내가 아는 노르웨이 엄마들은 4개월은 좀 빠르다는 생각을 하는 경향이 많고, 모임에서 만난 엄마들은 대부분 5개월부터 조금씩 연습해서 6개월 즈음에 이유식을 본격적으로 시도했다.

노르웨이 엄마들도 아이를 위해 이유식을 만들어 먹인다. 보통 처음에는 감자나 당근, 브로콜리, 콜리플라워 같은 것을 하나씩 익혀서 갈아 먹인다. 6개월이 지나면 고기와 생선을, 7개월쯤 되면 통밀빵도 조금씩 먹이기 시작한다. 하지만 꼭 매 끼니 직접 이유식을 만들어 먹여야 한다고 생각하지 않는다. 그리고 이유식에 사용할 수 있는 재료가 한국만큼 다양하지 않기 때문에 개월별로 가능한 것과 불가능한 것을 세세하게 구분하지 않는다. 그래서 이유식에 대한 스트레스를 많이 받지 않는 편이다.

하지만 나는 첫아이를 키울 때, 한국에서 출판된 책들과 인터넷 정보를 찾아가면서 매 끼니 이유식을 만들어 먹였다. 이유식 만드는 것으로 요리를 처음 시작한 나에게 이는 결코 쉬운 일이 아니었다.

그런데 이유식을 시작하고 몇 달 후 예방 접종과 건강 검진을 하러 보건소에 갔더니 전담 간호사가 나에게 이유식을 사서 먹이라고 했다. 엄마가 정성 들여 만들어 먹이는 것도 좋지만 그럴 경우 아이의 성장에 필요한 영양소가 모두 들어가는 것은 불가능하다는 게 그 이유였다. 열심히 이유식을 만들었던 나에게는 다소 충격적인 조언이었다.

나는 점차 다양한 재료를 섞어서 먹일 것이며, 나중에 한국 음식에 적응하기 위해서는 쌀 이유식을 먹는 연습이 필요하다고 말했다. 간호사는 내 이야기를 듣더니 그러면 모든 영양소가 골고루 들어 있는 시판용 이유식을 하루에 한 번은 꼭 먹이라고 했다. 사실 이유식을 시작하면서 모유의 양이 점점 줄어들고, 분유도 전혀 먹으려 하지 않던 터라 다양한 영양소가 든 시판 이유식을 먹여야 한다는 간호사의 말도 일리가 있었다. 나중에 주변 엄마들에게 물어보니 다들 비슷한 조언을 들었다고 했다.

노르웨이 마트에는 유리병 이유식과 가루 이유식이 있다. 유리병 이유식은 개월 수에 따라 야채만 들어간 것, 소고기나 닭고기 또는 생선이 들어간 것 등 다양한 종류가 있다. 과거 한국 엄마들이 미국에서 건너온 유리병 이유식을 일부러 구해서 먹였다는 이야기는 들어본 적이 있지만, 왠지 선뜻 손이 가지 않았다.

가루 이유식(grøt)은 따뜻한 물을 부으면 죽이 되는데, 4~36개월까지 다양한 제품이 있다. 단계에 따라 재료도 다르다. 기본적으로 기장이나 오트밀, 쌀이 들어가 있고 바나나, 자두, 사과, 배 같은 과일도 포함되어 있다. 분유가 들어간 가루 이유식도 있어서 떠먹이는 분유라는 생각이 들었다. 나는 낮에 먹이는 것과 밤에 먹이는 것 두 종류를 사용했다. 가끔 만들어놓은 이유식이 없을 때나 외출할 때 가루 이유식은 따뜻한 물만 있으면 돼서 유용했다.

둘째 때는 가루 이유식과 유리병 이유식을 다 먹였다. 사실 가루 이유식은 뜨거운 물에 그릇과 숟가락을 다 들고 다녀야 먹일 수 있는 반면, 유리병 이유식은 좀 더 편한 면이 있었다. 특히 여행할 때 유용했다. 하지만 가루 이유식만큼 자주 먹이지는 않았다. 파스타 이유식 같은 경우는 먹고 나면 입술이 발갛게 변하기도 하고, 전반적으로 향이나 맛이 강한 편이다.

노르웨이에서는 돌이 지나면 모든 걸 다 먹어도 된다고 이야기한다. 이유식 다음 단계인 유아식이라는 게 따로 없다. 아이와 어른 모두 빵 몇 조각과 과일 같은 것으로 아침과 점심을 해결하기 때문에 유아식이 따로 있을 리가 없다. 가정에서 보통 먹는 저녁 식사도 아이들과 함께 하기에 무방한 메뉴가 대부분이다.

만약 노르웨이 엄마가 아이의 건강을 위해 특별히 신경 써서 저녁 식사를 만든다면 접시에 담긴 음식 중 3분의 1은 고기나 생선, 3분의 1은 생채소 또는 익힌 채소, 나머지 3분의 1은 감자나 파스타일 것이다. 이 한 접시에 아이에게 필요한 영양소가 골고루 들어 있다. 이렇게 노르웨이 엄마들은 매일 저녁 한 끼의 메뉴만 고민하면 된다. 삼시 세끼를 모두 걱정해야 하는 한국 엄마들에게는 부러운 식문화일 수도 있겠다.

노르웨이 엄마들은
왜 '욱'하지 않을까?
07

노르웨이 아빠와 한국 엄마의 자녀들은 아빠와 엄마의 양육 방식에 차이를 느끼며 자란다. 노르웨이 아빠는 아이들에게 말로 충분히 설명하고 기다려준다. 하지만 한국 엄마는 참고, 또 참다 버럭 화를 내는 경우가 많다. 아이를 훈육하기 위해서가 아니라 스스로의 감정을 다스리지 못하고 결국 '욱'하는 것이다.

한국말이 서툰 친한 언니의 아들은 엄마가 시청하는 한국 드라마를 우연히 보다가 이런 질문을 했다고 한다. "엄마, 저 사람들은 왜 저렇게 화를 내고 서로 소리를 지르는 거예요?" 한국 드라마나 예능에서는 서로 언성을 높이거나, 마음대로 일이 풀리지 않는다고 화를 내거나, 서로 때리며 심지어 물건을 부수는 등의 모습이 심심치 않게 등장한다. 목소리가 크면 이긴다는 말도 있듯이 한국 사람은 감정을 스스로 조절하기보다 그냥 분출해버리는 데 익숙하다.

노르웨이 남자와 결혼하고 현지 문화를 오랫동안 경험한 한국 엄마들은 노르웨이 부모들의 유전자에는 '욱'하는 DNA가 없다고 말한다. 그들은 자녀에게 소리를 크게 지르거나 화를 내는 경우가 거의 없다. 반면 무엇이든 빨리 해결하려 하고, 자기 생각대로 되지 않으면 일단 목소리부터 크게 내야 한다고 생각하는 문화에서 자란 한국 엄마들에게는 '욱'하는 DNA가 선천적, 후천적으로 탑재되어 있다. 그래서 아이를 키우는 내내 노르웨이 남편처럼 행동하려고, '욱'하지 않으려고 노력하지만 잘 고쳐지지 않는다고 한다. 엄마가 감정 조절을 제대로 못하고 '욱'하는 것을 반복하면 그것이 세대를 거쳐 되물림될 수 있다.

나도 지역 보건소에서 이와 비슷한 이유로 상담을 한 적이 있다. 아이의 건강 검진을 하러 보건소에 들르면 전속 간호사는 외국에서 아이를 키우는 것이 힘들지는 않은지, 엄마의 감정 상태는 어떤지 많은 질문을 한다. 한 번은 내가 아이들이 너무 떼를 쓰거나 하면 갑자기 소리를 지르게 되고, 내 감정을 조절하기 힘들다고 했더니 심각한 얼굴로 조언을 해줬다.

"그럴 때는 아이에게 엄마의 감정을 설명하세요. '엄마는 지금 너무 화가 나. 네가 한 일이 엄마가 생각했을 때 나쁜 행동인데, 그걸 멈추지 않으니까 너무 속상해. 엄마가 마음을 조금 진정시키고 나서 다시 이야기해보자.' 이렇게 이야기하세요. 아이가 못 알아듣는다고 생각하지 마세요. 아이들은 엄마의 말을 이해할 수 있어요."

아이들은 어른보다 당연히 행동이 느리고, 상황에 맞는 정확한 판단을 하기 어렵다. 결국 '욱'하는 것은 아이 때문이 아니라 엄마가 감정 조절에 실패했기 때문이다.

노르웨이 엄마들은 아이와 탯줄을 끊는 순간 감정의 끈도 확실히 끊어 버린다. 그래서 우는 것, 짜증 내는 것 등 아이의 모든 감정 표출을 엄마를 향한 화살로 생각하지 않는다. 대신 아이들의 행동을 객관적으로 바라보고 받아주어야 할 감정인지 아닌지 정확하게 판단한다. 그리고 감정 조절과 상황 판단이 서툰 아이에게 어떤 것을 어떻게 가르쳐야 좋을지 고민한다. 즉 자기 감정에 좌지우지되는 것이 아니라 아이의 말과 행동에 집중하고 엄마로서 어떤 말과 행동을 해야 할지 생각하는 것이다.

노르웨이 엄마들은 훈육할 때 아주 낮고 단호한 어조로 이야기한다. 아이의 눈을 똑바로 쳐다보며 말하는 것도 중요하다. 언성을 높이는 법이 없다. 그런 인내심이 어디서 나왔느냐고 물어보면, 그건 인내심의 문제가 아니라고 이야기한다. 심지어 "아이들에게는 본래 그렇게 해야 하는 것 아닌가요?"라고 반문한다.

만약 아이가 소리를 지르면서 발버둥을 치면 못 움직이도록 강하게 두 팔을 잡고 이야기한다. 딸아이의 친구네 집에 놀러갔다가 인상적인 장면을 목격한 적이 있다. 그 애 엄마는 중언부언 긴말을 하지 않고, 간결하게 잘못된 행동을 설명한 뒤 아이가 스스로 감정을 추스르고 잘못을 인정할 때까지 기다렸다.

사실 아이가 어릴 때는 이런 방법의 훈육이 통한다. 그러나 크면 클수록 훈육은 점점 더 힘들어진다. 한국 학교에서 근무할 때, 엄마와 아이가 소통이 되지 않아 문제를 제대로 해결하지 못하는 경우를 많이 보았다. 엄마는 엄마대로, 아이는 아이대로 서로의 생각과 감정을 어떻게 표현해야 할지 모르기 때문이었다.

그러니 아이가 어렸을 때부터 서로에게 감정을 설명하고, 왜 그런 감정이 생겼는지 말하는 연습이 필요하다. 그리고 평소 아이에게 엄마에 대한 믿음을 심어주어야 한다. "괜찮아. 언제든지 엄마한테 말해. 네가 잘못한 일이어도 괜찮아. 엄마가 화낼 거라고 생각하지 마." 이렇게 엄마가 진정한 위로와 공감을 해줄 수 있다는 것을 믿게 만들어야 한다. 하지만 평소 '욱'하는 모습을 자주 보인 엄마라면 믿음이 생기기 어렵다. 결국 '욱'하지 않도록 엄마 스스로 감정 조절 연습을 하는 것이 가장 효과적인 훈육법의 시작인 셈이다. 지금까지 '욱'하는 감정이 자주 올라와서 아이를 당황하게 했다면 이렇게 말할 용기가 필요하다. "엄마가 앞으로는 큰 소리로 화내지 않을게. 미안했고, 앞으로 조심할게."

노르웨이 엄마들은 아이들에게 '욱'하는 법을 모른다. 그걸 모르니 '욱'할 수가 없다. 한편으로는 부러운 일이다.

노르웨이 엄마가 아이들에게
돼지 간을 먹이는 이유는?
08

　한국 사람들이 건강을 위해서 현미밥이랑 잡곡밥을 선호하듯 노르웨이 사람들은 다양한 종류의 빵을 주식으로 먹는다. 마트에 가서 장을 보면 대부분 갈색빛을 띠는 통밀 식빵을 몇 봉지씩 산다. 한국에서는 밀가루 식빵이 흔하지만 이곳 사람들은 밀가루 식빵을 거의 먹지 않는다. 통밀 식빵도 통밀의 비율이 빵마다 표시되어 있다. 밀가루가 많이 함유될수록 부드럽고 맛이 좋지만 아이들의 건강을 위해 보통 통밀의 비율이 70퍼센트 이상인 것을 고르는 엄마가 많다.

　노르웨이 아이들은 만 7~8개월 즈음부터 통밀빵을 먹고, 만 9~10개월이 되면 빵에 폴레그(pålegg)를 얹어 먹기 시작한다. 한국 사람들이 반찬이 있어야 밥을 먹듯 빵에 폴레그가 빠지지 않는다. 폴레그는 치즈, 신케(skinke, 얇은 햄), 잼, 달걀, 레베르포스타이(leverpostei)같이 빵에 발라 먹거나 얹어 먹는 것을 통칭하는 말인데, 노르웨이만의 식생활 문화를 반영하는 단어다. 노르웨이 가족은 빵에 원하는 폴레그를 바르거나 얹은 다음, 오이나 파프리카 같은 채소를 추가한 오픈 샌드위치(Smørbørd)를 만들어 먹는다. 이것이 노르웨이 아이들의 흔한 아침 식사 및 점심 식사다.

열린 유치원에서도 돌 전후 아이들 도시락으로 가장 많이 갖고 오는 것이 빵에 치즈를 올리거나 레베르포스타이를 바른 것이다. 처음에는 그 갈색빛 재료가 잼 같은 것인 줄 알았다. 나중에 알고 보니 노르웨이 엄마들이 아이들의 건강을 위해 꼭 챙겨 먹이는 레베르포스타이였다.

보건소의 전담 간호사는 아이가 빵을 먹기 시작하면 엄마들에게 레베르포스타이를 발라주라고 권한다. 노르웨이 엄마들에게는 말을 하지 않아도 알고 있는 당연한 사실이지만, 한국 엄마들에게는 너무 낯선 음식이라 간호사의 조언을 듣고도 아이에게 선뜻 먹이기 어려웠다. 레베르포스타이의 종류가 수십 가지에 달해 어떤 것을 골라야 할지도 처음에는 고민이었다. 나 같은 경우에는 통조림 제품보다는 비교적 유통 기한이 짧은 냉장 제품을 사서 먹였다. 딸아이가 두 살 즈음일 때는 짠맛 때문인지 숟가락으로 퍼서 먹기도 했는데, 유치원에 다니면서부터는 다른 노르웨이 아이들처럼 자연스럽게 빵에 발라서 먹었다.

노르웨이 엄마들이 레베르포스타이를 챙겨 먹이는 이유는 바로 철분 때문이다. 레베르포스타이는 돼지나 닭의 간이 주원료인데 여기에 카놀라유나 올리브 오일을 첨가하고 옥수수, 밀가루, 감자, 유당 등을 넣어 먹기 좋게 맛을 낸 것이다. 간에 들어 있는 철분은 인체에 흡수가 잘되고 비타민 A, 엽산, 비타민 B_{12} 같은 영양소도 함유하고 있다. 특히 엽산과 비타민 B_{12}는 아이들의 빈혈 예방에 좋다.

노르웨이 엄마들에게 한국에서는 빈혈 예방을 위해 소고기를 자주 먹인다고 이야기하면 갸우뚱하는 표정을 짓는다. 하지만 나는 노르웨이 엄마들이 레베르포스타이를 두껍게 펴 발라 아이에게 먹이는 것에 아직 적응이 잘 되지 않는다. 순대를 먹을 때 나오는 간과 비슷한 냄새가 나는 데다 약간 짠맛이 가미되어 있고, 부드러운 버터를 떠먹는 것과 같은 식감이어서 한국 엄마들 사이에서도 호불호가 갈린다.

해외에서 생활한다는 것은 엄마뿐 아니라 아이에게도 그 나라의 날씨와 지형과 문화에서 생겨난 새로운 음식을 이해하고 적응해야 하는 큰 과제가 있다. 레베르포스타이는 나에게 도전 과제를 안겨준 음식이었다.

노르웨이 엄마들은
어떻게 육아 스트레스를 풀까?
09

　노르웨이에서 출판하는 육아서를 보면 엄마보다는 여성 입장에서 육아를 이야기하는 경우가 많다. 아이를 훌륭하게 키우기 위해 엄마가 어떤 노력을 기울여야 하는지 가이드하기보다 엄마이자 여성으로서 누려야 할 권리는 무엇인지, 어떻게 하면 행복한 삶을 살 수 있는지 알려주는 것이다.

　《Mammarådet》이라는 책은 엄마들이 운영하는 여러 블로그의 글을 모은 것인데, 그중에 '당신이 나쁜 엄마라고 느낄 때 기억해야 할 5가지 팁'을 살펴보자.

　첫 번째, 바나나를 하나 먹어라. 저혈당은 최대의 적이다.

　두 번째, 지금 눈에 제일 잘 띄는 잘못은 당신 때문이 아니다. 모든 아이들이 떼를 쓰고 엄마의 한계를 시험한다. 가장 훌륭한 엄마의 아이들도 마찬가지다.

　세 번째, 실수를 해도 괜찮다. 한순간을 놓친다고 아이들의 인생이 완전히 망가지지는 않는다.

　네 번째, 다른 사람과 비교하는 것을 그만둬라.

　다섯 번째, 당신은 할 수 있는 만큼 항상 최선을 다하고 있다는 것을 기억하라.

　노르웨이는 이렇게 엄마들이 행복해야 아이가 행복하게 자랄 수 있다고 생각하는 나라다. 엄마가 행복하려면 무엇보다 육아 스트레스 관리를 잘해야 한다. 그렇다면 노르웨이 엄마들은 어떻게 육아 스트레스를 풀까?

　아이로부터의 타임오프는 노르웨이 엄마들이 선택하는 가장 흔한 스트레스 해소법이다. 첫째가 돌쯤 되었을 때, 헬스장을 다닌 적이 있다. 운동 목적도 분명히 있었지만, 사실 유치원에 가지 않는 아이를 하루 종일 돌보는 것이 힘들어서 낮에 잠시라도 아이를 맡겨볼까 하는 생각에서 등록을 했다. 노르웨이의 유명 헬스 체인에서는 운동을 좋아하는 사람들의 성향을 꿰뚫고 아이들 놀이방을 무료로 운영한다. 하루에 3회 정도, 2~3시간씩 부모들이 운동하는 동안 헬스장 직원이 놀이방에 상주하며 아이들을 돌봐준다. 평일 낮의 놀이방에서는 낮잠을 자는 아이, 장난감을 가지고 노는 아이, 만화 영화를 보는 아이도 있다. 안타깝게도 나의 경우에는 아이가 애착 형성을 시작하는 시기와 맞물려서 놀이방에 맡기기만 하면 '아이가 운다'는 이유로 운동을 하다가 불려나가기 일쑤여서 헬스장 놀이방을 제대로 이용하지 못한 아쉬운 기억이 있다. 헬스장 놀이방에 아이를 맡기려면 돌이 되기 전이어야 한다.

　노르웨이 엄마들은 남편에게 아이를 맡기는 걸 불안해하지 않는다. 작년 여름 즈음, 우리 아파트 단지에는 둘째를 낳은 지 얼마 되지 않은 집이 있었다. 딸아이가 그 집 테라스에 있는 장난감을 좋아해서 몇 번 놀러 간 적이 있는데, 막 태어난 둘째가 꽤 예민해서 그 집 엄마가 스트레스를 많이 받았다. 그 엄마는 스트레스를 풀기 위해 틈만 나면 산책을 나갔다.

나도 첫째가 돌 무렵 한동안 육아 스트레스로 힘들었다. 당시 다른 엄마들의 조언대로 일주일에 한 번 3시간 자유를 보장해주는 것에 대해 남편의 약속을 받았다. 혼자 카페도 가고 산책을 하거나 자전거도 탔다. 3시간은 항상 금방 흘러갔다. 처음 아이를 두고 집 밖으로 나왔을 때, 계단을 걸을 수 있다는 것만으로도 기분이 좋았다. 항상 유모차를 밀며 빙 돌아가던 길이었기 때문이다. 남편은 집으로 돌아온 내 표정이 달라져 있다고 이야기했다. 지금은 아이들이 커서 하루 종일 혼자 외출하기도 한다. 내가 집에 있고 남편이 아이들을 데리고 나가기도 한다. 그러면 나는 집에서 자유를 즐긴다.

노르웨이에서는 주말에 아빠 혼자 아이를 데리고 놀이터나 쇼핑몰, 운동장 등에서 시간을 보내는 것을 자주 볼 수 있다. 때로는 엄마들끼리 아줌마 여행이 아니라 '소녀 여행(Jentetur)'이라는 이름의 여행을 다녀오기도 한다. 우리 아이들의 전담 간호사인 카리도 항상 엄마가 육아에서 받는 스트레스는 아빠들이 퇴근 후 피곤해하는 것과는 다른 차원의 것이라며 자유 시간을 강조했다.

엄마의 정서적 안정이 아이의 정서에도 영향을 끼친다. 육아 스트레스는 참고 견디는 게 능사가 아니다. 육아가 힘겹다는 생각이 들면 미루지 말고 힐링할 수 있는 방법을 찾아 남편에게 당당히 요구해보는 건 어떨까.

노르웨이 아이들에게는 정해진 겨울 복장이 있다?
10

노르웨이에 오기 전 지인들이 나에게 가장 많이 했던 질문이 겨울을 어떻게 견디냐는 것이었다. 노르웨이에 겨울 말고 다른 계절이 있는지 물어 보는 사람도 꽤 많았다. 노르웨이에도 사계절이 존재한다. 다만 한국에 비해 겨울이 한두 달 정도 더 길다. 겨우내 평균 기온도 그리 낮지 않다. 기다랗게 생긴 국토의 왼쪽에 멕시코 만류가 흐르기 때문이다. 그래서 가장 많은 인구가 살고 있는 오슬로 지역의 경우, 가장 추운 1월의 평균 기온이 영하 4.3도(노르웨이 통계청)에 불과하다.

아이들은 겨울에도 매일 바깥 활동을 한다. 3세 이하 어린아이들은 영하 10도, 3세 이상인 아이들은 영하 14도 밑으로 내려가지 않으면 바깥 놀이를 한다. 오슬로 지역이 아무리 따뜻하다 해도 북유럽이다 보니 영하 15도까지 금세 온도가 내려가기 때문에 엄마들은 아이들의 겨울옷에 신경을 많이 쓴다.

노르웨이에는 따뜻한 겨울을 나기 위한 어린이 복장 규정이 있다. 영하로 떨어지는 날씨 속에서 몇 시간씩 뛰어노는 아이들에게 어떤 복장이 가장 적합한지 경험적으로 증명된 룰이 생겨난 것이다.

가장 먼저 기본적으로 준비하는 것이 '울' 내의다. 울 소재 내의를 입히는 이유는 얇지만 보온성이 강해 활동하기에 좋기 때문이다.

아이들은 보통 실내에서 울 내의만 입고 논다. 그러다가 밖에 나갈 때는 플리스 소재의 트레이닝복 또는 울 소재의 상의와 바지에 겨울용 드레스를 입는다. 추울수록 안에 얇은 것을 여러 겹 덧대어 입힌다. 유치원 선생님들은 바깥 활동을 하기 전 아이들의 옷을 잘 챙겨 입혀야 한다. 엄마들이 준비해놓은 여분의 옷 중에서 그날의 날씨에 맞게 더 입히기도 하고 덜 입히기도 한다.

그런데 사실 울 소재는 까칠한 촉감 때문에 싫어하는 사람이 더러 있다. 필자의 딸아이도 울 내의를 싫어했다. 그래서 하루는 면 내의에 기모가 두툼하게 들어간 옷을 입혀 보냈는데, 유치원 선생님이 그렇게 하면 춥다며 울을 꼭 입혀 보내라고 했다. 아이가 까칠한 울 내의를 싫어한다고 했더니, 면 섞인 울 내의를 입히거나 얇은 면 내의에 울 내의를 덧입히라는 조언을 들었다. 이처럼 노르웨이 어른들은 겨울을 따뜻하게 나기 위해서는 울이 빠지면 안 되는 것으로 생각한다.

노르웨이에서 울 내의는 하나의 겨울 패션 아이템이기도 하다. 쇼핑몰에 가면 아이들이 울 내의만 입고 돌아다닌다. 그리고 하의까지는 아니지만 어른도 상의는 울 내의만 입고 돌아다니는 경우가 많다. '노르딕 패턴'이라고 알려진 다양한 눈꽃과 순록 패턴의 울 내의는 얼핏 타이트한 디자인의 보통 티셔츠처럼 보인다.

양말도 울 소재를 신는다. 얇은 울 양말 위에 두꺼운 울 양말을 덧신기도 한다. 그래서 아이들이 노는 모습을 보면 실제 발 치수보다 훨씬 큰 겨울 장화를 신고 있다.

노르웨이에는 내의부터 양말, 겉옷까지 다양한 울 소재 제품이 있다. 울 소재만 취급하는 유아용 브랜드도 여럿이다. 하지만 이런 전문 브랜드 제품은 가격이 매우 비싸다. 그래서 양털 실을 사서 아이들의 옷을 직접 짜기도 한다. 주로 할머니들이 손주가 태어나면 모자, 조끼, 양말 등을 뜨개질해서 선물하는 경우가 많다. 손주나 자식에 대한 사랑을 정성으로 표현하고자 하는 마음은 어느 나라든 똑같다는 생각이 든다.

겨울 내내 내의부터 양말, 니트까지 울 소재의 옷을 매일 입히다 보면 세탁 사고도 종종 일어난다. 비싸게 구입한 울 제품이 일반 옷과 섞여 못 입게 되는 것이다. 그렇게 몇 번씩 실수를 하다 보면 대부분의 엄마들은 울 제품을 세탁하고, 말리고, 관리하는 데 베테랑이 되어간다.

노르웨이에는 이런 말이 있다. "좋지 않은 옷은 있어도 좋지 않은 날씨는 없다." 아이들은 추위에 움츠러드는 대신 제대로 차려입고 밖으로 나가서 겨울을 즐긴다. 덕분에 면역력도 키우고 추위에 맞서는 강인함까지 배울 수 있다.

인간의 마음은 처음에는
어머니의 가슴에서 움직이고
마지막에는 그 안에서 죽어간다.

-노르웨이 명언

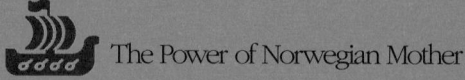 The Power of Norwegian Mother

2부
노르웨이 엄마들의 지혜로운 자녀교육법

　　　　　⋯⋯⋯

'얀테의 법칙'이 노르웨이 사회에 끼친 또 하나의 힘은 이것이 노르웨이를 복지 국가로 만드는 핵심 철학이었다는 점이다. 능력 있는 개인들만 잘사는 것이 아니라 공동체 전체가 서로 도와가며 모두 잘사는 나라, 모두 행복한 나라를 만들고자 한 것이다. 그래서 노르웨이에서는 왕족이나 부자나 유명인은 겸손하고, 성소수자나 장애인도 열등감을 갖지 않고 사회 구성원으로서 존중받으며 살 수 있다.

십계명보다 '얀테의 법칙'을 먼저 가르치는 이유
11

노르웨이 엄마들은 자녀에게 "너는 특별하다", "너는 최고다"라는 말을 하지 않는다. 내 아이가 어떤 특정 분야에 재능이 있다고 하더라도 그것을 드러내 말하는 것 자체를 꺼린다. 만약 내 아이가 다른 아이들에 비해 영어를 유독 잘한다면 엄마는 그럴 수밖에 없는 이유를 설명한다.

"마틴, 아빠는 영어를 사용해야 하는 회사에 다녀. 그래서 마틴한테 영어를 가르쳐줄 수 있어. 덕분에 네가 영어를 친구들보다 조금 더 잘할 수 있는 거야. 다른 친구들도 너와 같은 상황이라면 잘할 수 있을 거야. 어떻게 생각하니?"

노르웨이 엄마들은 모든 사람에겐 각기 다른 재능이 있다는 것을 아이들에게 이야기해준다. 자신만 특별한 사람이 아니니 친구들 앞에서 우쭐거리거나, 못하는 친구에게 무시하는 말이나 행동을 해서는 안 된다고 가르친다. 배려와 겸손을 중요하게 가르치는 것이다.

노르웨이 사람들은 본래 자신의 장점을 스스로 드러내 말하지 않는다. 아주 사소하지만 여자아이들끼리 "내 옷 예쁘지?", "내 헤어스타일 어때? 괜찮지?"라는 말도 하지 않는다. 잘난 체하는 친구가 있으면 모두 의아해 하며 정말 이상한 눈빛으로 쳐다볼 것이다. 하지만 친구가 먼저 장점을 칭찬해주는 것은 괜찮다. 축제 때 노래 부를 사람을 찾는 경우 "제가 노래를 잘하니 한 번 해보고 싶어요"라고 말하면 이상한 사람으로 보이기 쉽다. "아! 마테오가 노래를 참 잘해요"라는 친구들의 추천을 받아 무대에 오르는 것이 더 자연스럽다.

노르웨이 사람들이 이렇게 행동하는 데는 '얀테의 법칙(Law of Jante)'의 영향이 크다. 이 법칙은 스칸디나비아반도에 사는 노르웨이 사람들의 정서를 지배하고 있는 문화적 신념과도 같다.

'얀테의 법칙'은 덴마크인과 노르웨이인 부모 밑에서 태어난 작가 악셀 산데모세(Aksel Sandemose)가 1933년 소설 《도망자 그의 지난 발자취를 따라서 건너다(En flyktning krysser sitt spor)》라는 작품에서 처음 언급되었다. 노르웨이어로 쓴 이 책에는 작가가 태어나고 자란 덴마크의 작은 도시를 모티브로 한 '얀테'라는 가상의 마을이 등장한다.

이 마을에는 '얀테의 법칙'이라는 행동 규범이 있다. '당신이 특별하다고 여기지 말라', '당신이 우리보다 똑똑하다고 여기지 말라', '당신이 우리보다 더 가치 있다고 여기지 말라'와 같이 모두 부정문인 데다 매우 단호한 어조로 표현된 열 개의 문장이다. 처음 이 법칙들을 읽으면 겸손의 도를 넘어 한 인간을 열등감에 휩싸이게 만들어버리지는 않을까 하는 우려가 먼저 든다. 그러나 작가는 '얀테의 법칙'을 통해 이 마을 사람들이 겸손과 배려, 평등을 완전한 형태로 실현하는 모습을 독자들에게 보여주고 싶어 한다. 그래서 등장인물은 개개인의 존재감을 드러내는 이름조차 없다.

'얀테의 법칙'을 육아에 적용해보면 엄마들은 내 아이가 다른 아이들보다 잘하는 것이 있더라도 설레발치지 말아야 한다는 것이다. 내 아이가 잘하는 만큼 다른 아이들에게도 재능과 장점이 있다고 생각해야 한다. 반대의 경우도 마찬가지다. 내 아이가 다른 아이들보다 부족한 부분이 있더라도 잘할 수 있을 거라는 믿음으로 지켜보는 자세를 가져야 한다.

'얀테의 법칙'이 노르웨이 사회에 끼친 또 하나의 힘은 이것이 노르웨이를 복지 국가로 만드는 핵심 철학이었다는 점이다. 능력 있는 개인들만 잘사는 것이 아니라 공동체 전체가 서로 도와가며 모두 잘사는 나라, 모두 행복한 나라를 만들고자 한 것이다. 그래서 노르웨이에서는 왕족이나 부자나 유명인은 겸손하고, 성소수자나 장애인도 열등감을 갖지 않고 사회 구성원으로서 존중받으며 살 수 있다.

노르웨이 엄마들은 이 법칙을 아이들에게 그대로 읽어주거나 외워야 하는 것이라고는 절대 가르치지 않는다. 무의식적으로 말과 행동을 통해 이 법칙을 가르칠 뿐이다.

그러나 요즘 젊은 세대들은 빠른 변화와 발전을 위해 '안티-얀테의 법칙'이 필요하다고 이야기한다. 미국과 같이 개인의 능력을 충분히 개발해 성공을 거두고, 그것을 사회적으로 우대해야 마땅하다는 것이다. 그러나 한국 엄마인 나는 노르웨이가 지금보다 더 경쟁적이고, 그래서 성공 지향적인 사회가 되지 않기를 바란다. 무한 경쟁 속에서 한국 아이들이 어떻게 자라는지, 어떤 어려움을 겪는지 이미 잘 알고 있기 때문이다.

부모로부터 물려받아야 할
최고의 유산은 자립심
12

노르웨이에서는 고등학교를 졸업하면 독립하는 것이 일반적이다. 실제로 아들이 성년이 되었는데도 독립하지 않는다는 이유로 소송을 제기한 부모도 있다. 부모들은 지금까지 보살펴주었으니 이제는 독립해야 한다고 생각하고, 대부분의 아이들도 고등학교 졸업과 동시에 부모의 둥지를 떠나고 싶어 하고, 떠나야 한다고 여긴다.

고등학교 2학년 때 한국으로 교환 학생을 다녀온 제니라는 아이가 있다. 한국어 초급 수준의 제니는 한국의 인문계 고등학교에서 거의 1년을 공부하고 돌아왔다. 학교를 다니는 동안에는 한국인 가정에서 홈스테이를 했다. 외국어에 관심이 많은 제니는 혼자 일본어 공부를 하다가 우연히 유튜브를 통해 한국 예능을 보게 되었는데, 이를 계기로 한국 문화와 한국어에 관심을 갖게 되었다.

제니의 부모님은 한국이라는 멀고 낯선 나라에 가겠다는 딸의 계획을 듣고 고민할 수밖에 없었다. 제니에게 다른 친구들처럼 독일이나 프랑스, 미국으로 교환 학생을 가거나 정말 한국에 가고 싶다면 대학생이 된 후에 가는 것이 어떠냐는 제안을 했다. 하지만 제니는 아르바이트를 해서 필요한 비용의 절반을 스스로 마련했고, 한국어도 독학으로 공부했다. 결국 부모님은 제니가 한국으로 교환 학생을 가는 것에 동의했다.

지금 제니는 의대생이다. 부모에게서 독립해 학교 앞에서 친구와 함께 살고 있다. 정부에서 운영하는 학자금 대출을 받긴 하지만 집세가 비싸서 매달 나오는 학자금 대부분이 월세로 나간다. 노르웨이는 대학 학비가 무료임에도 불구하고 월세가 꽤 많이 들기 때문에 생활비 마련을 위해 아르바이트를 하는 대학생이 많다. 다른 친구들은 학기 중에 아르바이트를 하지만 학과 공부와 한국어 공부, 또 여러 사회단체 활동을 하고 있는 제니는 시간이 별로 없다. 그래서 평소 먹는 것을 최대한 줄이고, 검소한 생활을 한다. 그리고 여름 방학이 되면 아르바이트를 해서 다음 학기 생활비를 벌어둔다. 부모님 도움을 받는 것은 가족 여행을 같이 떠난다거나 가끔 주말에 가서 저녁을 먹은 다음 남은 음식을 싸오는 것이 전부다.

한국 사람이 보기에 제니는 이미 고등학교 때부터 놀라울 정도의 자립심을 가졌고, 대학생이 됨과 동시에 완벽하게 부모로부터 독립한 경우다. 어떻게 하면 제니처럼 자립심 강한 사람으로 키워낼 수 있을까?

대부분의 노르웨이 엄마들은 아이가 어릴 때부터 스스로 할 수 있는 일이면 도와주지 않고 기다린다. 유치원에 아이를 픽업하러 가서도 여유가 있다. 아이 스스로 겉옷을 입고 신발을 신을 때까지 잔소리 한마디 없이 기다린다. 나 같은 경우에는 바쁜 일이 없어도 "빨리 입어", "얼른 가자"라는 말이 자연스럽게 나온다. 아이가 스스로 못할 것 같다고 생각해서 도와주거나, 서툴러서 시간이 걸리면 그냥 옷을 입혀줄 때도 있다. 하지만 노르웨이 엄마들은 재촉하지 않는다. 여러 번 말을 하는데도 시간이 지체되면 아이를 붙잡고 집에 가야 하는 이유를 설명하기 시작한다.

이처럼 기다린다는 것은 결국 작은 일이라도 아이가 성공할 수 있는 기회를 주는 것과 마찬가지다. 이런 것들이 모여 아이는 자립심 강한 아이로 클 수 있다. 스스로 할 수 있는 것이 많아질수록 아이와 엄마는 서로에게서 자유로워진다.

노르웨이 아이들이 자립심이 강할 수밖에 없는 또 한 가지 이유는 엄마들이 아이 스스로 원하는 게 무엇인지 생각하고 말할 기회를 준다는 것이다. 그리고 아이의 의견을 최대한 존중한다. 덕분에 아이들은 어릴 때부터 자기표현이 매우 분명하다. 배우고 싶은 스포츠가 있으면 부모에게 이야기하고, 더 이상 배우기 싫으면 가지 않겠다고 말한다. 엄마는 아이에게 권유하거나 조언해줄 수는 있지만, 싫어하는 것을 억지로 설득해서 시킨다거나 싫은 것을 참으라고 이야기하지 않는다.

노르웨이 엄마에 비해 한국 엄마는 교육적으로 필요하다면 끝까지 아이를 설득해서 자기 의지를 관철시키려는 경향이 강하다. 한국 학생의 학습 시간 대비 성취도 순위가 OECD 최하위권인 이유는 바로 이것과도 상관이 있다. 스스로 공부하고 싶어서 하는 것이 아니라 부모가 시켜서, 부모가 원해서 수동적으로 하는 경우가 많다. 사실 아이들은 자기가 하고 싶고 원하는 일이라면 3시간, 4시간, 10시간 동안 집중할 수 있다. 엄마는 아이가 원하는 것이 무엇인지 알고 그걸 표현할 수 있도록 해주는 자세가 필요하다.

노르웨이에서는 아이와 관련된 문제를 결정할 때 7세 정도까지는 부모의 의견을 먼저 제시해서 결정할 수 있다. 하지만 12세 정도가 되면 부모보다는 아이의 의견을 먼저 받아들여서 결정해야 한다. 그리고 15세가 되면 아이 스스로 자신의 종교나 정치 단체, 고등학교 진학에 대해 결정할 권리가 있다. 사실 이것은 유엔 아동권리협약에 나오는 내용이고, 노르웨이는 이 법안에 서명한 나라 중 하나다. (놀라운 사실일 수도 있지만 당연히 한국도 이 협약에 서명했다.)

하지만 내가 보기에 노르웨이 엄마들은 이 법안에 규정된 것보다 더 어린 나이일 때부터 아이 스스로 무엇을 원하는지 말할 수 있도록 질문하고, 아이의 선택을 존중하되 책임은 스스로 져야 한다는 것을 알려준다. 앞서 이야기한 제니의 경우 한국에 교환 학생을 다녀왔기 때문에 고등학교 2학년과 3학년 과정을 한 살 어린 동생들과 공부해야 했다. 하지만 스스로 선택한 일이기 때문에 그에 따른 어려움을 마땅히 감수했다.

자립심 있는 사람이 되는 것은 아이가 고등학교를 마칠 때 받는 졸업장처럼 바로 갖출 수 있는 능력이 아니다. 단거리가 아니라 장거리 경주다. 자립심 강한 아이로 키우기 위해서는 어릴 때부터 아이를 철저하게 독립적인 존재, 서툴지만 연습하면 할 수 있는 존재로 생각해야 한다. 노르웨이 엄마들처럼 어릴 때부터 스스로 원하는 것을 생각하고 행동으로 옮길 수 있도록 해야 하며, 실패나 실수를 연습으로 생각하고 인내심 있게 기다려야 한다.

동물원 울타리에서 자란 맹수는 그들의 본능인 사냥하는 법을 잊어버린다. 현명한 엄마는 동물원 울타리를 걷어내고 밀림의 맹수처럼 아이를 키운다. 먹이를 입 앞에 갖다주는 것이 아니라 스스로 사냥할 수 있도록 적절하게 가이드 역할만 한다. 맹수들에게 사냥하는 본능이 있다면 인간에게는 부모로부터 자립하려는 본능이 있다.

노르웨이 엄마들은 끼니 챙기듯
취침 시간을 챙긴다

13

　노르웨이 아이들은 저녁 7시만 되면 잠을 자고, 부모들도 밖으로 나오지 않는다.

　노르웨이 아이들은 유럽 다른 나라에서 온 엄마들도 놀랄 만큼 일찍 잠을 잔다. 필자 지인의 딸인 테아는 혼자 자는 법을 아는 아이다. 엄마는 저녁 6시가 되면 아이를 침대에 눕히고 잘 자라는 말을 한 뒤 방을 나온다. 그러면 아이는 혼자 노래도 부르고 뒤척이다가 스스로 잠이 든다. 돌이 되기 전부터 꾸준히 연습한 덕분에 테아는 혼자 잠드는 것을 무서워하거나 싫어하지 않는다. 물론 처음에는 잠들기 전에 노랫소리보다 울음소리가 더 많이 들렸다. 하지만 엄마는 잠이 들 때까지 아이 옆에 있어주는 대신 울음을 조금 진정시킨 다음 방에서 나오는 과정을 반복하면서 스스로 잠드는 방법을 터득할 수 있도록 가르쳤다. 지금 테아는 유치원에 다녀온 후 저녁을 먹고, 7시 전에 미리 자기 방에 들어가 아빠와 책을 읽는다. 그리고

7시면 잠이 든다.

노르웨이 부모들에게 아이가 제시간에 잠드는 것은 크게 두 가지 중요한 의미가 있는 것 같다. 첫 번째는 아이에게 충분한 수면을 보장해주기 위해서다. 노르웨이 의학협회는 수면 장애가 있는 어린이 및 청소년 상당수는 정서적 어려움, 행동 장애 등을 겪는다고 보고한다. 따라서 아이의 수면 습관이 제대로 잡혀 있지 않으면 온 가족에게 부정적 영향을 끼친다는 것을 강조한다. 아울러 노르웨이의 수면 전문가 카린 나프헤우(Karin Naphaug)는 아이들의 권장 수면 시간을 다음과 같이 제시했다.

- 만 6~12개월: 낮잠 1~3시간씩 두 번, 밤잠 10~12시간(오후 낮잠을 너무 늦게 자지 않는지 확인)
- 만 1~2.5세: 낮잠 1~3시간, 밤잠 11~12시간. 19시 취침 시작
- 만 2.5~3세: 정오가 지나지 않은 시간에 조용하고 아늑한 휴식 1회, 밤잠 11~12 시간.
- 만 3~6세 : 잠깐의 낮잠, 밤잠 10~12시간. 19~20시 사이에 취침 시작
- 만 6~9세 : 9~12시간, 19시 30분~20시 사이에 취침 시작(6~9세는 가장 긴 밤잠을 자는 시기)
- 만 9~12세 : 필요한 만큼의 수면, 20시~20시 30분 사이에 취침 시작

노르웨이 엄마들은 취침 시간과 관련해서는 아이와 타협하지 않는다. 이 원칙을 스스로 깨지 않기 위해 특별한 경우가 아니라면 외식이나 저녁 약속도 하지 않는다. 외출하더라도 취침 시간이 되기 전 가족 모두가 집으

로 돌아가거나, 부모 중 한 명만 남고 나머지는 아이를 재우기 위해 귀가한다. 마치 한국 엄마들이 영양가 있는 음식을 매 끼니 정성스럽게 챙기는 것과 같다.

노르웨이 엄마들도 아이의 수면 습관이 잘 잡히지 않아 힘들어하는 경우가 있다. 그러면 보건소의 전담 간호사와 상담한다. 잠을 제대로 못 자거나 자는 것을 너무 싫어하면 아이 건강에 다른 문제가 있는지, 부모의 양육 태도에 잘못된 부분이 있는지 체크하고 조언을 한다. 그래도 개선되지 않으면 유아 수면 클리닉 분야의 의사나 전문가와 상담한다.

나 역시 첫째를 키울 때는 제대로 된 수면 습관을 가르쳐주지 못했다. 밤 9시, 10시가 넘어 잠드는 게 예사였다. 포대기에 안아서 재우다 돌이 지난 후에는 옆에 누이고 재우는 데 매일 한두 시간이 걸렸다.

그래서 보건소에 갈 때마다 전담 간호사는 아이의 수면 습관에 대한 조언을 많이 해주었다. 밤에 잠드는 것은 반드시 스스로 할 수 있어야 한다면서 절대 안아서 재우지 말라고 했다. 그리고 밤에 깨더라도 스스로 다시 잠들 수 있도록 침대에 눕힌 채 토닥여주라고 했다. 불을 켜서도 안 되고, 소리를 내서도 안 된다고 했다.

남편과 함께 상담을 한 적도 있다. 간호사는 남편에게 밤에 아이가 엄마를 찾는 것을 고치기 위해서는 적어도 3일 정도 기간을 정해서 아내 대신 아이를 돌봐주어야 한다고 했다. 이러한 적극적인 조언이 엄마로서 위로가 많이 되었지만 습관을 바꾼다는 게 결코 쉽지는 않았다.

둘째가 태어난 후, 두 아이의 취침 시간은 저녁 8시 전후로 고정되었다. 첫째는 유치원에서 거의 모든 에너지를 쓰고 돌아오기 때문에 누우면 바로 잠들 때가 많다. 야외 놀이 활동이 많은 유치원 생활 덕분에 수면 습관이 저절로 좋아진 것이다. 둘째는 신생아 때부터 스스로 누워 잠드는 습관을 잘 터득했고, 낮잠도 많이 자지 않아 밤잠을 자는 데 문제가 없다. 지금 이 글을 쓰는 시간은 오후 7시 40분. 아이들은 아빠와 잠들기 전 책 읽기 시간을 갖고 있다. 아빠는 곧 아이들과 굿나잇 인사를 하고 나올 것이다.

우리 아이들은 보통 아침 7시 반까지 자기 때문에 매일 평균 11시간 정도를 취침하는 셈이다. 충분히 자고 아침에 스스로 눈을 뜬다. 억지로 아이를 깨우지 않아도 된다는 것, 때로는 웃으면서 "엄마, 아침이야. 일어나요"라는 딸들의 목소리를 모닝콜로 듣는 것이 노르웨이식 육아를 하면서 느끼는 즐거움 중 하나다.

올바른 수면 습관이 중요한 두 번째 이유는 바로 아이가 잠든 후에 비로소 자유 시간을 누릴 수 있기 때문이다. 아이에게 "지금은 밤이고 엄마도 자러 간다"는 말을 남기고 문을 닫으면 자유 시간이 시작된다. 노르웨이 아이들은 보통 만 6개월부터 한 살 사이에 자기 방에서 혼자 잠이 든다. 이유식을 먹는 만 6개월이 되면 밤잠을 길게 잘 수 있는 조건을 갖췄다고 생각하며, 늦어도 한 살 반 이전에는 잘못된 수면 습관을 바로잡는다. 다시 말하면 아이가 태어난 후 한 살 전후를 기준으로 대부분의 엄마가 매일 밤 자유 시간을 가질 수 있고, 아이와 독립된 잠자리에서 편안한 휴식을 취할 수 있다는 것이다.

집안일은 아이가 잠들기 전에 모두 끝내는 게 일반적이다. 그래서 아이가 잠들면 곧바로 자유 시간이 시작된다. 부부는 와인을 마시며 대화도 나누고, 영화도 본다. 각자 하고 싶은 일을 하면서 여가 시간을 보낸다. 우리 집 역시 마찬가지다. 남편은 여름이면 자전거 라이딩을 하고, 겨울에는 야간 스키를 타러 간다. 나의 경우에는 목욕을 하거나, 책을 읽거나, 텔레비전에서 좋아하는 시리즈를 보는 것으로 자유 시간을 만끽한다. 사실 만끽한다는 말로는 충분하지 않을 정도로 소중한 시간이다.

노르웨이 엄마들은 이 자유 시간을 누리기 위해 아이들의 낮잠 시간을 조절한다. 집에서 육아하는 동안이면 오후 늦은 낮잠을 재우지 않고, 유치원에서 낮잠을 자는 만 3세 이하의 아이가 있으면 체력에 따라 적절한 수면 시간을 정해서 그만큼만 자도록 선생님에게 이야기를 해둔다. 그래서 어떤 아이는 30분만 자고, 어떤 아이는 1시간 이상을 잔다.

그리고 섭씨 18~20도 정도의 시원한 침실에서 아이들이 편안하게 잠들 수 있도록 신경 쓴다. 노르웨이 사람들은 침실에 대부분 암막 커튼을 친다. 여름에는 자정이 넘도록 해가 지지 않기 때문에 암막 커튼이 없으면 깊은 잠을 잘 수 없다. 또 겨울에도 침실 창문을 조금 열어두고 잔다. 침실 온도가 낮아야 깊은 잠을 잘 수 있다고 생각하기 때문인데, 대신 따뜻한 오리털 이불로 몸을 감싼다.

노르웨이 아이의 취침 시간은 한국 사람들이 삼시 세끼를 제시간에 챙겨 먹는 것만큼 중요하다. 그리고 잠은 엄마가 재우는 게 아니라 아이 스스로 자야 한다고 생각한다. '제시간에 스스로 잠자기.' 사실 이것만 성공해도 육아는 엄마에게 훨씬 더 행복한 일이 될 것이다.

노르웨이 부모들은 아이들과 오지 여행을 즐긴다
14

노르웨이 사람들은 집을 지을 때 땅을 편평하게 깎지 않는다. 비스듬한 지형이면 그 지형 그대로 집을 짓는다. 그래서 앞에서 보면 3층이지만 뒤에서 보면 2층인 집이 많다. 1층 현관으로 들어가서 2층으로 올라가면 앞쪽은 2층이지만, 뒤쪽 문으로 나가면 다시 잔디를 밟을 수 있다. 언덕인 지형을 그대로 살려 집을 짓는 모습만 봐도 노르웨이 사람들의 자연에 대한 생각과 태도의 단면을 알 수 있다.

그들은 절대 자연을 바꾸거나 이기려고 하지 않는다. 거칠고 험한 지형과 녹록지 않은 기후에 굴복하지 않고 직접 부딪히면서 상황에 따라 대처하는 방법을 배워나간다. 엄마들은 아이들에게도 그 방법을 물려줘야 한다고 생각한다.

노르웨이 사람들은 히테(hytte)에 가는 것을 좋아한다. 히테는 별장을 의미한다. 집을 사고 차를 사면 그다음으로 히테나 요트를 산다. 가족 소유의 히테가 있는 경우도 많고, 회사가 사원 복지 차원에서 히테를 구입해 아주 저렴한 가격에 렌트해주는 경우도 많다. 히테로 여행 가는 것을 의미하는 히테투르(hyttetur)는 일상에서 벗어나 아늑하게 여유를 즐기는 것에만 그 목적이 있는 것이 아니다. 문명의 이기에서 벗어나 원시와 가까운 상태의 자연과 소통하는 경험을 하기 위해 가는 것이다.

요즘 히테는 해변가 근처, 스키장 근처에 교통편이 좋으면서 생활 편의 시설과 가까운 곳에 많이 있지만 본래 전통적인 노르웨이 히테는 깊은 숲속, 산골짜기 중간, 호수의 작은 섬에 있다. 차가 진입할 수 없는 깊은 숲속에 있으면 싸온 음식과 필요한 짐을 두세 시간씩 직접 들고 옮겨야 한다. 호수의 섬에 히테가 있으면 직접 배를 타고 노를 저으며 이동해야 한다. 수도가 들어오지 않아 물을 길어다 써야 하고, 화장실도 당연히 밖에 있다. 전기도 없어 벽난로에 불을 피워야 한다. 동화 속에나 나올 법한 작은 오두막이라 자는 것 말고는 밖에서 생활해야 하는 경우도 있다.

실제로 노르웨이를 여행하다 보면 정말 오지 중 오지 같다는 생각이 드는 곳에는 어김없이 히테가 있다. 사람들은 이런 불편함이 가득한 히테에 가는 것을 좋아한다. 히테를 예약할 수 있는 사이트가 처음 생겼을 때, 사람들이 가장 선호한 것 역시 가장 노르웨이적인 전통 히테였다.

사실 문명의 혜택을 많이 받고 자란 요즘 아이들에게 순수한 자연 상태를 경험할 수 있는 전통 히테는 그리 매력적이지 않다. 하지만 부모들은 가장 노르웨이적인 히테에서 어린 시절 자연과 더불어 놀았던 기억을 살려 아이들과 같은 경험을 공유하고 싶어 한다. 그리고 어릴 때부터 자연과 함께 살아가는 법과 자연의 경이로움을 경험하게 해주는 것이 부모의 마땅한 역할이라고 생각한다.

　오지에 있는 히테는 아니더라도 노르웨이 아이들은 가족과 함께 히테 여행을 하는 데 익숙하다. 그래서 도심에서 벗어나는 것, 일상에서 벗어나는 것, 자연과 가깝게 지내는 즐거움을 알며 자란다.

　우리 가족은 아직 오지를 경험할 수 있는 히테에는 가보지 못했다. 보통 우리가 즐겨 가는 히테는 규모가 크고 깨끗하고 시설도 좋은 편이다. 수세식 화장실이 있고, 넓은 침대와 소파까지 갖췄다. 따뜻한 물이 나와서 샤워도 가능하다. 그러나 한국의 모던하고 현대적인 펜션을 생각했던 나는 처음 히테 여행을 갔을 때 실망했다. 인터넷도 되지 않고 보이는 것이라곤 산과 나무, 하늘, 구름이 다인 이곳에서 도대체 무엇을 하며 지내야 할지 갈피를 잡지 못했다. 아무것도 할 수 없어 답답할 지경이었다.

　하지만 지금은 히테투르가 진정한 여행이라는 생각이 든다. 히테투르는 한마디로 슬로라이프, 미니멀라이프를 즐기는 여행이다. 노르웨이 사람들은 아늑하고, 편안하고, 좋은 느낌을 받을 때 '코슬리(Koselig)하다'고 이야기하는데, 그런 코슬리한 느낌을 만끽할 수 있는 여행이다. 최소한의 짐을 꾸려 떠난 그곳에서는 최소한의 걱정거리만 존재한다는 느낌을 받는다. 동화 속 오두막 같은 곳에서 바람 소리에 귀 기울이고, 별의 반짝임에 집중한다. 여름이면 좋은 공기를 마시며 하이킹을 하고, 겨울이면 주변 산책로에서 스키와 썰매를 타고 벽난로 앞에서 여유를 만끽한다.

　평소 엄마로서 해주어야 할 것, 또 해야 할 일에만 집중하다가 놓치곤 하는 아이들의 표정, 행동도 히테 여행을 통해 발견한다. 히테 여행를 좋아하는 딸아이는 종종 물어본다. "엄마, 우리는 언제 히테투르 가?"

노르웨이에서는 '좋은 부모 되기' 강좌가 인기다
15

노르웨이 신문 기사를 보다가 '배룸 신드롬(Bærum syndrome)'이란 단어가 눈에 띄었다. 배룸 지역은 오슬로 서쪽에 위치한 코뮤네인데, 대체로 탄탄한 경제력에 사회·문화적 수준도 높은 가정이 많이 살고 있다.

배룸 부모들의 교육열은 유별나다. 마치 한국 엄마를 보는 것 같다. 본래 노르웨이 엄마들은 아이를 압박하지 않는다. 아이들은 놀아야 한다고 생각한다. 사교육도 아이들이 원하는 것, 좋아하는 것만 시킨다. 수영을 배우다가 체조를 하고 싶다고 하면 아이들의 선택을 지지한다. '자유형 정도는 할 줄 알아야 한다'처럼 아이들의 활동에 대해 엄마가 목적 의식이나 목표 의식을 가지고 교육하지 않는다. 그런데 배룸 부모들은 "넌 잘할 수 있어!", "포기하지 마"라는 말로 아이를 독려하면서 자신의 욕심을 아이들에게 내비친다.

이런 모습을 지켜본 노르웨이 교육 전문가들은 개개인은 각자 잘하는 것과 못하는 것이 있을 수 있는데 아이에게 모두 잘할 수 있다고 격려하는 것은 스트레스를 줄 수 있으며, 이런 기대감 때문에 아이에게 특정한 질병이 생길 수도 있음을 경고한다. 또한 아동 상담가들은 아이들이 변비에만 걸려도 부모의 양육 태도에 스트레스를 느끼기 때문일 수도 있다고 이야기할 정도다. 그러니 배룸 신드롬을 심각한 사회 문제로 다룰 법도 하다.

배룸 지역뿐 아니라 노르웨이의 젊은 부부 중에는 아이를 위해 더 많은 것을 해주고 싶어 하고, 시행착오를 덜 겪으면서 전문가들로부터 숙련된 양육 기술을 배울 필요가 있다고 생각하는 사람이 많아졌다.

'좋은 부모 되기 강좌'가 노르웨이 육아의 새로운 트렌드로 부상할 만하다. 예비 부모, 초보 부모, 성장기 아이를 둔 부모의 육아 문제와 관련한 사설 강좌의 가격은 1회에 500~1000크로네(한화 7만 5천~15만 원)까지 다양하며, 인터넷으로 들을 수 있는 코스도 있다. 예를 들면 임산부 및 예비 아빠를 위한 실용적 해결책, 영아 산통을 겪고 울음이 많은 아이를 진정시키는 법, 2세 이하의 어린이 양육법(수면·의사소통·감정·언어·사회성에 대하여), 부모를 위한 응급처치법, 어린이의 자아 존중감에 대한 이해, 아이들 앞에서 올바른 리더십을 발휘하는 방법, 자녀 간 갈등에서 바람직한 부모의 역할, 자녀와 좋은 대화를 하는 방법, 부모를 위한 마음 수련, 10대 부모를 위한 과정, 학습 장애 및 행동 장애가 있는 어린이와 청소년 부모를 위한 교육 과정, 트라우마·관계 스트레스와 아동 발달 등의 강좌가 있다. 이런 강의 중 전문적인 내용에 속하는 과정은 부모와 교사가 함께 듣도록 개설하기도 한다.

부모와 교사가 함께 공유하는 강의가 있다는 점은 특히 주목할 만하다.

필자는 한국에서 교사로 근무할 때 다양한 주제의 온라인, 오프라인 연수를 받곤 했다. 현직 교사들을 대상으로 한 연수이기는 하지만 생활 지도, 인성 지도, 상담 기법 등의 경우에는 부모가 함께 들으면 좋을 법한 내용도 꽤 많다. 부모와 교사가 공유하는 지식 정보가 많으면 아이들을 교육하고 양육하는 데 더 긍정적인 효과를 얻을 수 있는 것이 명약관화하다. 실제로 인터넷 강의(원격교육연수원) 같은 것은 교사가 아니어도 들을 수 있는데, 그런 것 자체를 모르는 부모가 많다.

한국에서도 부모 교육을 활성화한다는 취지로 문화 센터 등에서 부모 교육 강좌 개설을 지원한다는 기사를 본 적이 있다. 부모를 위한 사설 인터넷 교육 코스도 하나둘씩 생겨나고 있다. 아직은 미미하지만 한국에서도 '좋은 부모 되기 강좌' 붐이 일어나길 기대해본다.

노르웨이 사람들은
발에 스키를 신고 태어난다
16

"노르웨이 사람들은 발에 스키를 신고 태어난다"는 말이 있다. 산이 많은 지형과 눈이 많이 내리는 기후 탓에 옛날 노르웨이 사람들에게 스키는 일상적 이동 수단이었다. 덕분에 스키는 다른 어떤 종목보다 가장 노르웨이적이고 친숙한 생활 스포츠다.

과장이 아니라 내가 만난 노르웨이 엄마들은 아이가 걸을 수만 있으면 스키를 배울 수 있다고 이야기한다. 나는 스키는 다소 위험한 스포츠라고 생각했기 때문에 시작 시기가 너무 이른 것은 아닌가 하는 생각이 들었다. 하지만 스키와 관련해 노르웨이 부모들에게 아이들의 나이는 그냥 숫자일 뿐이다.

그런데 스키를 즐기는 노르웨이 사람들의 모습을 몇 해 동안 계속 보다 보니 "아이도 스키를 탈 수 있다"는 말에 충분히 공감하게 되었다. 보통 스키라고 하면 리프트를 타고 올라가서 스릴을 즐기며 내려오는 알파인 스키를 생각한다. 그런데 노르웨이에서는 '크로스컨트리'를 많이 즐긴다. 크로스컨트리는 평지와 오르막길, 내리막길을 자유자재로 다니는 스키를 말한다. 조금 과장하자면 노르웨이 사람들은 크로스컨트리를 겨울 산책을 즐기기 위한 '신발'쯤으로 여기는 것 같다. 실제로 여름 산책로였던 동네 산길이 눈만 내리면 크로스컨트리 트랙으로 바뀐다. 트랙을 굳이 찾아갈 필요도 없는 경우가 많다. 도심에서 조금 벗어나면 눈 내린 마을 길을 따라 크로스컨트리를 즐기는 사람을 쉽게 볼 수 있다.

놀라운 것은 부모들이 돌도 안 된 아이를 데리고 크로스컨트리를 탄다는 것이다. 아이를 썰매에 태우고 자기 허리에 그 썰매를 고정시킨 채 말이다. 아이들이 타는 썰매에는 양털이 듬뿍 들어간 보온 침낭이 달려 있는데, 침낭에 아이가 들어가면 딱 얼굴만 나온다. 내리는 눈을 막아주는 가림막도 있다. 좀 더 커서 스스로 몸을 가눌 수 있는 시기가 되면 배낭 캐리어에 아이를 앉힌 다음 어깨에 그 캐리어를 매고 크로스컨트리를 즐긴다. 혼자 타는 것도 힘든데 아이를 끌고 스키로 오르막길을 오르는 걸 보면 체력이 대단하다는 생각이 절로 든다.

돌도 안 된 아이를, 그것도 잠든 아이를 썰매에 눕히는 모습을 보면 엄마와 아빠의 즐거움을 위한 것인지, 정말 아이들도 즐기게 해주고 싶은 것인지 의문이 들곤 한다. 어쨌든 노르웨이 아이들은 돌 전부터 엄마와 아빠를 따라 스키를 즐기는 것만은 사실이다.

우리 부부는 썰매에 갓난아이를 태울 만큼 스키에 열광적이지 않다. 하지만 자연스럽게 노르웨이의 스키 문화에 젖어들고 있다. 긴 겨울을 몇 해 경험하고 나면 한 해라도 빨리 아이들이 겨울 스포츠에 능숙해지는 게 좋겠다는 생각이 자연스럽게 든다. 온 가족이 함께 즐기려면 말이다. 첫째가 만 두 살 되었을 무렵 필자의 지인이 플라스틱 스키를 물려주었다. 따로 스키 부츠를 신는 것이 아니라 일반 겨울 부츠를 신은 상태로 끈을 고정해서 타면 되는 종류였다. 비록 평지를 왔다 갔다 하는 수준에 그쳤지만 딸아이는 만 두 살 반에 생애 첫 스키를 경험했다.

노르웨이는 유치원에서 스키 수업을 개설하는 경우가 있다. 딸아이가 다니는 유치원도 만 3세 이상 반 아이들은 스키 수업을 신청할 수 있다. 일주일에 한 번 스키 수업이 있는 날은 각자 장비를 갖고 유치원에 간다. 그러면 다 함께 버스를 타고 가까운 스키장으로 이동해서 스키를 배운다.

노르웨이에서 유명한 스키 선수이기도 한 지인의 아들은 학교 근처의 자취집에서 매일 스키를 신고 등교한다. 한 번은 나에게 차로 3시간 떨어진 학교에서 오슬로 집까지 스키를 타고 올 수 있다는 이야기를 한 적이 있다. 노르웨이는 스키만 신으면 어디든 갈 수 있다면서 말이다. 과연 그게 가능한지 되묻는 나에게 "문제없다"고 대답하며 웃었다. 스키 선수만 등굣길에 스키를 타는 것이 아니다. 보통 아이들도 마찬가지다. 겨울용 스케이트보드 같은 원 풋 미니스키(one foot miniski)를 학교 준비물로 챙겨오라고까지 하니 역시 겨울 나라 노르웨이답다.

노르웨이에는
조기 교육이 없다
17

　내가 한국에서 근무하던 학교에 후천적 자폐 진단을 받은 한 남학생이 있었다. 과도한 조기 교육 때문에 후천적으로 자폐가 된 경우였다. 그 학생의 부모는 엘리트 중 엘리트였다. 아이가 원하는 교육, 또 아이의 발달 연령에 맞는 교육이 무엇인지 고민하지 않고 부모가 정한 목표에 맞춰 다그치다 보면 아이 스스로 세상과 소통하는 문을 닫아버릴 수 있다는 것을 깨달은 계기이기도 했다. 그 후 나는 적기 교육에 관심을 갖게 되었다. 물론 얼마 지나지 않아 한국 사회에서 적기 교육을 하려면 엄마의 큰 결심과 용기가 필요하다는 것을 깨달았지만 말이다.

　노르웨이 엄마들 사이에는 '조기 교육'이라는 말이 없다. 유아기 아이를 둔 엄마들에게 적기 교육은 학습이 아니라 무한한 놀이 활동이다. 노래나 악기를 경험하게 하는 음악 프로그램 또는 수영 강습에 참여하기는 해도 한국처럼 '유아 방문 학습지' 같은 것은 전혀 없다. 아이가 원할 때 함께 놀아주기는 해도 엄마가 주도해서 놀이 활동을 이끄는 경우는 드물다. 엄마는 아이의 놀이 활동을 방해하지 않고 지켜본다. 적어도 학교에 들어가기 전까지는 학습보다 놀이가 더 중요하다. 노르웨이 엄마들은 놀이를 통한 배움의 힘을 믿는다.

유치원도 마찬가지다. 노르웨이 유치원은 에듀케어(Educare) 시스템을 기반으로 운영된다. 여기서 말하는 에듀케어란 교육과 양육을 적절하게 합친 것을 말한다. 엄마들은 유치원에서 비나 눈이 온다는 이유로 바깥 놀이 활동을 하지 않는다거나, 바깥 놀이 활동 시간이 적을 경우 더러 불만 섞인 이야기를 하곤 한다. 그렇지만 그림 또는 만들기를 한 후 어떤 결과물이 있어야 한다거나, 글자 및 숫자 학습을 정식으로 시키는 것을 원하지 않는다. 그러니 한국 엄마들 눈에 노르웨이 유치원은 그냥 계속 노는 것처럼 보일 수도 있다.

노르웨이 아이들의 바깥 놀이는 정해진 규칙이나 방법이 없으므로 항상 무엇을 하고 놀지 친구들과 함께 고민해야 한다. 이를 통해 규칙을 정하고, 순서를 지키고, 양보하고, 협동하고, 갈등을 해결하는 법을 배운다. 또한 자발적이고 적극적으로 움직여야 재미있게 놀 수 있다는 것을 경험적으로 알게 된다.

딸아이의 유치원 생활을 자세히 들여다보면 우리가 살아가는 데 필요한 많은 감정과 능력을 키운다는 걸 알 수 있다. 유치원의 다른 오빠들처럼 나무를 타고 싶어 하던 딸아이는 한동안 계속 안 된다며 속상해했다. 그러다 결국 성공하는 방법을 터득해 유치원에 픽업을 갈 때마다 자랑스럽게 나무 타는 걸 보여줬다. 여러 번의 좌절을 느꼈지만 포기하지 않고 시도해서 성공의 기쁨을 만끽한 것이다. 그리고 한동안 제 눈에 예뻐 보이는 돌을 하루 종일 주워 모으며 놀던 시기가 있었다. 이것도 나름 집중력을 키우는 놀이인 셈이다. 머리와 몸을 동시에 써가며 보내는 바깥 놀이는 자세히 들여다보면 끊임없는 배움의 시간이다.

노르웨이 유치원에 자유 놀이 시간만 있는 것은 아니다. 그림책을 읽어주는 시간, 집에 있는 장난감을 갖고 가서 반 친구들에게 설명하고 만져보게 해주는 시간, 음악에 맞춰서 노래를 부르거나 율동하는 시간, 구르거나 달리거나 공을 차는 시간, 서로 힘을 모아 공예 작품을 만드는 시간 등이 있다. 놀이처럼 보이면서도 어느 정도의 활동 규칙이 들어간 독서, 말하기, 음악, 체육, 미술 교육 활동이다. 평소에는 3세 이하 반과 3세 이상 반으로 크게 나누어 생활하지만, 주제를 정해서 활동할 때는 연령별로 따로 모아 각 수준에 맞게 교육한다.

학교 입학을 준비하는 만 5세 아이들의 경우에는 숫자를 읽거나, 자기 이름을 쓰는 것 정도를 가르치는 유치원도 있다. 그러나 유치원에서 이름 쓰는 것 정도는 제대로 배웠으면 하는 엄마들의 요구가 있을 만큼 대부분의 노르웨이 아이들은 취학 전 지식 교육을 받지 않는다.

최근에는 유치원에서 보육보다 교육의 비율을 높여야 한다는 주장이 힘을 얻고 있다. 실제로 2017년 새롭게 바뀐 교육 과정에 따르면, 수학이나 과학과 관련한 주제의 교육 활동을 강조하고 있으며 IT 교육을 새롭게 도입했다. 태블릿 PC, 스마트 보드, 카메라 및 현미경 등을 창의적이고 적극적으로 사용할 수 있는 방안을 구체화한 것이다.

IT를 교육적으로 활용하는 것에 대해서는 의견이 분분하다. 이미 초등학교에서는 아이패드로 수업하는 경우가 많고, 고등학생이 되면 개인 노트북을 지급받아 공부하는데 유치원에서까지 IT 교육이 필요하냐는 것이다. 그러나 IT 교육 전문가들은 유치원에서 언어나 창의력 등을 개발하는 도구로 IT를 사용할 수 있다고 주장한다.

노르웨이 유치원 홍보 영상을 보면 아이들이 아이패드를 들고 소풍 가는 장면이 나온다. 아이들이 그룹을 만들어 아이패드를 들고 산길을 따라가면서 보물찾기를 하는 내용이다.

이러한 새로운 시도나 움직임에도 불구하고 노르웨이 부모들은 여전히 자유로운 놀이와 그것을 통한 행복을 보장해야 한다는 원칙을 고수하고 있다. 놀이는 당장 보이지는 않지만 나중에 공부를 위해 필요한 건강한 몸과 내면의 힘을 기르는 과정이라고 생각하기 때문이다. 자기 주도성, 문제해결력, 집중력, 적극성, 기억력, 절제력, 판단력 등 학습에 필요한 모든 능력이 놀이 활동 속에 있다. 그것이 바로 노르웨이 적기 교육의 힘이며, 이는 엄마의 육아 방식과 유치원의 '에듀케어'를 통해 완성된다.

노르웨이 아이들이
모국어만큼 영어를 잘하는 이유
18

국제 영어능력지수(EP EPI) 평가 결과를 보면, 노르웨이는 영어 실력이 매우 우수한 나라로 매년 최상위 그룹에 속한다. 최상위 그룹에는 네덜란드, 덴마크, 스웨덴, 핀란드, 싱가포르, 룩셈부르크가 있는데 그중에서도 북유럽 국가들은 항상 근소한 차이로 최고 순위를 다툰다.

실제로 노르웨이 사람들은 고등학교만 졸업해도 영어를 잘한다. 길을 가다가 아무나 잡고 물어도 대부분 영어로 대답을 해준다. 영어를 못하는 사람을 보면 이상하다는 생각이 들 정도다. 노르웨이어를 몰라도 영어로 모든 일상 생활이 가능하기 때문에 부담이 없다. 병원과 관공서 같은 곳에 가면 노르웨이어로 이야기하는 것이 좋은지 영어로 이야기하는 것이 좋은지부터 먼저 묻는다. 그래서 노르웨이는 여행자나 유학생, 이민자들이 지내기 좋은 나라다. 그러다 보니 영어가 모국어인 사람들은 이곳에서 산 지 10여 년이 넘도록 노르웨이어가 늘지 않는다고 하소연하는 경우도 많다.

영어가 국가 공용어가 아님에도 불구하고 어떻게 노르웨이 사람들은 이처럼 영어를 잘하게 된 걸까? 노르웨이 엄마들은 아이들의 영어 교육을 어떻게 시키는 걸까? 만약 노르웨이 엄마들의 영어 교육 방법에 비결이 있다면 그것은 '자연스러움'이다.

노르웨이에는 자체 제작하는 드라마나 영화가 별로 없다. 그래서 노르웨이 국영 방송 NRK에서는 영어권 영화나 드라마 같은 것을 많이 방영하는데, 더빙 없이 원어 그대로 방송하는 경우가 많다. 번역은 자막으로 처리한다. 어린이 프로그램도 마찬가지다. 노르웨이는 국영 방송에서도 자체 애니매이션보다 디즈니 만화 같은 영어권에서 들어온 것을 많이 방영한다. 더빙 전문 회사가 생긴 후부터는 노르웨이어로 방송하는 경우가 예전에 비해 많아지긴 했지만, 아직도 청소년들이 보는 드라마는 영어 그대로 방영한다.

자신들이 어릴 적 텔레비전을 통해 영어를 접한 것에 비해 노르웨이어 더빙 방송이 많아지자 영어 교육에 열의를 보이는 젊은 엄마들의 경우에는 일부러 미국이나 영국의 영어 유아 프로그램을 찾아 보여주기도 한다.

청소년 시기에는 SNS나 음악, 게임을 통해 영어를 많이 접한다. 노르웨이 아이들에게는 10대들이 열광할 만한 대중음악 시장이 없다. 라디오를 틀면 노르웨이어로 된 노래는 드물고 항상 팝이 흘러나온다. 그래서 아이들은 노래를 들으며 자연스럽게 영어를 접한다. 게임을 통해서도 영어를 많이 배운다. 노르웨이 엄마들은 아이가 영어로 게임을 하는 게 유익한 면이 없지 않은 것 같아 게임하는 걸 꼭 말릴 수만은 없다며 난감해한다.

노르웨이어와 영어는 유사한 언어 계열이라 어순도 비슷하고 어휘도 비슷하다. 다른 부분도 물론 있지만 한국어와 영어의 차이만큼 크지 않다. 그래서 조금만 신경 써도 영어 실력이 빠르게 느는 편이다. 그럼에도 불구하고 노르웨이 엄마들과 교육 당국은 아이들의 영어 실력을 향상시키는 데 긴장을 놓치지 않는다. 그들에게 영어가 중요한 이유는 노르웨이어의 한계 때문이다. 노르웨이어는 460만 명 정도 사용하는 언어다. 유학을 가고 싶다거나, 우수한 기업에 취직하고자 한다면 영어는 필수 능력이다. 소박하게 살면서 해외여행을 좀 더 자유롭게 다니고 싶어도 영어가 필요하다. 게다가 아이들이 학교 숙제를 하기 위해 책이나 인터넷 자료를 찾아보면 노르웨이어로 번역된 자료가 많지 않기 때문에 스스로 영어로 된 정보를 찾아 이해해야만 한다.

학교에서도 영어는 중요한 과목 중 하나다. 아이들은 초등학교 1학년 때부터 영어를 배우는데, 천천히 그리고 최대한 자연스럽게 습득할 수 있도록 노력한다. 그리고 초등학교 때부터 에세이 쓰기와 발표를 꾸준히 한다. 스스로 자료를 찾고 생각해서 영어로 표현하는 연습을 하고, 친구들의 얘기를 듣고 동시에 자신의 의견을 말하는 기회를 충분히 가진다. 노르웨이 아이들에게 영어는 시험을 위해 공부해야 할 과목이 아니다. 좋아하는 음악을 듣고, 드라마나 영화를 보고, 게임을 하고, 다른 나라 사람들과 이야기를 나누기 위해 익히는 또 하나의 언어다.

영어는 의사소통의 수단이므로 학습지나 문제집만으로 공부해서는 안 된다. 노르웨이 엄마들은 학습지나 교재를 통해 영어를 가르치지 않는다. 직접 영어로 된 그림책을 읽어주거나 영어 만화 영화를 같이 본다. 그리고 식사 시간에는 영어로 대화하는 식으로 노력을 기울인다. 최대한 듣고 말하는 기회를 많이 가질 수 있도록 신경 쓴다. 고등학생이 되면 교환 학생 프로그램을 통해 영어권 나라에 1년 정도 유학을 보내기도 한다.

비록 한국의 부산 인구 정도가 쓰는 언어지만 노르웨이도 자국어에 대한 자부심이 강하다. 하지만 반도 국가에서 벗어나 좀 더 넓은 세상과 교류하기 위해, 다시 말하면 생존하기 위해 영어를 모국어만큼 열심히 한다.

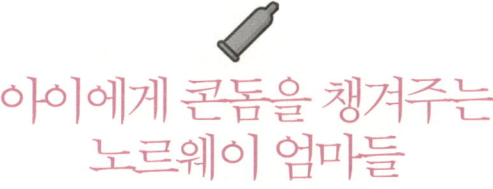

아이에게 콘돔을 챙겨주는
노르웨이 엄마들

19

"아이가 크면 클수록 신경 써야 할 게 많아져."

선배 엄마들의 말이 와 닿은 것은 첫아이가 유치원에 다니기 시작하면서부터였다. 첫째 딸아이가 만 두 살 반쯤일 때 유치원을 갑자기 옮기게 되었다. 새로 다닐 유치원 사정상 딸아이는 세 살 이후 반에 들어갔는데, 그 반에는 남자 보조 교사가 2명이나 근무하고 있었다. 두 사람은 모두 20대 젊은 청년이었다. 아빠들처럼 몸으로 많이 놀아줬기 때문에 반 아이들이 남자 교사를 좋아하긴 했지만 나는 신경이 쓰였다. 그 반에서 우리 아이 혼자만 기저귀를 사용했기 때문이다. 사실 내 아이가 그런 상황에 놓이기 전까지는 남자 교사가 여자아이의 기저귀를 갈아줄 수도 있다는 것에 대해 생각해본 적이 없었다.

노르웨이 유치원에서 근무하는 남자 교사의 비율은 매년 조금씩 증가 추세를 보이고 있다. 노르웨이 통계청(SSB)의 발표에 의하면 2015년 유치원 교사 중 약 10퍼센트가 남자인 것으로 나타났는데, 정부는 이 비율을 20퍼센트까지 높이겠다는 목표를 가지고 있다. 교사의 성비 균형은 교육적으로 필요한 일이긴 하지만 여자아이를 둔 부모로서는 성범죄와 관련한 일이 민감하게 다가올 수밖에 없다. 실제로 2016년에는 남자 교사가 여자아이를 성추행해서 노르웨이 사회에 큰 이슈가 된 적도 있었다. 그래서 보통 남자 교사들은 만 3세 이상 반에 배치하는 경우가 많다. 부득이 3세 이하의 아이들을 다룰 경우에는 유치원 자체에서 남자 교사가 여자아이의 기저귀를 갈지 않도록 하거나, 피치 못할 경우 문을 열어놓고 하는 등 임의적인 수단을 취하고 있다. 아직까지는 남자 교사들의 유치원 근무에 대한 세부 규정이 미비하고, 남자 교사의 역할을 제한하면 여자 교사에게 해당 업무가 옮겨갈 수 있어 사회적 논란이 계속되고 있는 중이다.

사실 노르웨이는 '성'에 대해 매우 개방적인 나라다. 텔레비전을 켜면 폭력적인 것은 많이 절제하지만 성과 관련한 것, 특히 몸과 관련한 내용은 여과 없이 방송한다. 의료적인 수술 장면에서도 중요 부위 신체의 노출을 꺼리지 않는다. 아이들이나 청소년이 보는 성교육 프로그램도 마찬가지다. 노르웨이에는 〈뉴턴(Newton)〉이라는 아이들을 위한 과학 전문 프로그램이 있는데, 지난 2015년에는 아동 성교육을 목적으로 〈사춘기(Pubertet)〉라는 제목의 시리즈를 제작·방영했다. 이 프로그램은 다른 나라의 성교육 자료로 쓰일 수 있도록 온라인상에 배포되었는데, 아시아는 물론 미국에서도 노출 수위와 내용이 적정선을 현저히 벗어났다는 비판을 받았다. 아동용 포르노라는 말까지 나올 정도였으며, 한국에서는 성인 인증을 받아야만 볼 수 있다.

성에 대해 개방적인 사회적 분위기 속에서 자라다 보니 노르웨이 청소년들에게 '성'은 금기시하거나 숨겨야 하는 것이 아니다. 그래서 노르웨이 학교에서는 정확하고 올바른 정보를 전달함과 동시에 최대한 실용적인 성교육을 하기 위해 노력한다. 성관계를 원하지 않을 때 거절하는 법만 가르치는 게 아니라, 상대방이 거절했을 때 그걸 받아들이는 마음의 자세까지 세심하게 가르친다. 학생이 원하면 무료로 콘돔도 제공한다.

노르웨이 엄마들도 아이들이 이성에 대해 관심을 갖는 것은 당연한 일이고, 성관계는 아이 스스로 판단하고 결정할 수 있어야 한다고 여긴다. 실제로 노르웨이 엄마들은 아들이나 딸이 남자 친구나 여자 친구를 집으로 데려오면 방으로 들여보내기 전에 콘돔을 미리 챙겨주기도 한다.

만약 미성년자이거나 미혼인 여성이 임신을 하면 어떤 일이 벌어질까? 노르웨이에서는 아이를 낳을 것인가 말 것인가에 대한 선택도 본인 스스로 결정한다. 임신 12주까지는 제한 없이 임신 중절이 가능하고, 18주까지는 타당한 이유가 있을 때 임신 중절을 할 수 있다. 대부분 외과적 시술이 아니라 약물로 처치하는 방법을 사용한다. 노르웨이에서 임신 중절의 합법화는 여성의 권리이자 원치 않는 아이가 태어나는 것을 막을 수 있는 방법이다.

그리고 노르웨이는 한부모 가정, 성 소수자 가정 등 다양한 형태의 가족을 인정하는 나라다. 어린 나이에 아이를 낳았다는 이유로 사회적 편견에 시달리는 일도 없다. 금전적인 추가 지원을 포함해 유치원 입학에 우선권을 준다거나 베이비시터를 지원해주는 등 아이를 제대로 키울 수 있도록 복지 시스템이 잘 갖춰져 있다. 실제로 노르웨이 오슬로 대학에는 학생들의 자녀를 위한 부설 유치원이 있다. 대학교 소속 유치원이지만 교직원의 자녀는 다닐 수 없다.

노르웨이는 성에 대한 인식 자체가 한국과 매우 다른 나라다. 아이가 스스로 자신의 성이 무엇인지 고민하고, 그래서 성을 바꾸고자 한다면 그 선택을 최대한 존중한다. 아이도 자신의 신체와 다른 정신적 성을 선택할 수 있고 법적으로 '성별'을 바꿀 수 있다는 얘기다. 한 방송사와 인터뷰한 어린이 트랜스젠더는 남자에서 여자로 성이 달라진 두 개의 여권을 보여주면서 자신의 성을 제대로 인정받은 후 드디어 행복해졌다고 이야기했다.

이러한 사회 제도와 분위기 속에서 노르웨이 엄마들은 아이가 바른 가치관을 가지고 올바른 선택과 행동을 할 수 있도록 가르쳐야 한다. 또 타인에 대해서도 편견 없는 시선을 가질 수 있도록 지도해야 한다. 그러면 노르웨이 엄마들이 모두 성교육을 잘할까? 아니다. 사실 노르웨이 엄마들도 아이들과 대놓고 성에 대한 이야기를 나누는 것을 불편해한다. 그래서 성 교육 전문가들은 언론 매체를 통해 부모와 대화를 나눌 수 있는 시기부터, 즉 아이가 유치원에 다닐 때부터 성교육을 시작하라고 조언한다. 요즘 사회는 아이가 성과 관련한 부적절한 정보에 언제 어디서 노출될지 가늠할 수 없고, 유아 성범죄로부터 스스로의 몸을 안전하게 지키기 위해라도 성에 대한 지식을 올바로 알아야 하기 때문이다.

가족 치료사이자 성학자인 토마스 요한네센 빈테르(Thomas Johannessen Winther)는 언론 인터뷰를 통해 구체적인 연령을 언급하기도 했다. 요컨대 만 2세부터 자신의 몸을 알게 해야 하고, 적어도 만 3세에서 만 4세 사이에는 성에 대한 올바른 개념, 태도, 행동 등 섹슈얼리티(sexuality)에 대해 이야기를 시작해야 한다는 것이다. 또 아이가 크면 클수록 성에 대한 이야기를 시작하는 것이 어색하고 불편해질 것이라고 경고했다.

성교육은 몸에 대해 부모와 자녀가 대화를 나누는 것에서 시작된다. 부모가 자신의 몸을 보여주면서 우리 몸에 대한 올바른 지식을 아이에게 설명해주는 것이다. 이때 부모는 자신의 알몸을 아이들에게 보이는 일을 부끄러워하지 않아야 한다. 그리고 성에 대해 이야기 나눌 때는 정직하고 긍정적이며 개방적인 태도를 보여야 한다. 아이들은 부모의 태도가 자연스럽다는 것을 느낄 때 비로소 "엄마는 겨드랑이에 왜 머리카락이 있나요?", "엄마와 아빠는 왜 가슴이 다른가요?", "나는 어떻게 엄마 배 속에서 나왔나요?" 같은 질문을 할 수 있다.

언젠가 엄마들 모임에서 시각 장애아를 키우는 한 부부에 대한 이야기를 나눈 적이 있다. 그 부부는 시각 장애를 가진 아이의 성교육을 위해 옷을 다 벗은 상태로 아이가 직접 부모의 몸을 만져보면서 남녀는 어떤 차이가 있는지, 그리고 어떻게 해야 상대방이 만족할 수 있는지까지 자세히 설명해주었다고 한다. 처음 그 이야기를 들었을 때는 그저 대단한 부모라고만 생각했다. 하지만 지금 다시 떠올려보니, 장애를 가진 자식이 평범한 남녀처럼 이성을 만날 수 있기를 바라는 부모의 간절한 마음이 느껴진다.

성과 관련한 이야기를 꺼내기 어렵다고 생각하는 것은 어른들이지 아이가 아니다. 더 늦기 전에 아이와 함께 샤워하는 시간을 가져보는 건 어떨까? 우리의 몸이 얼마나 소중하고 신비로운 비밀을 많이 갖고 있는지 알려주는 것이 자녀교육의 중요한 과제임을 잊지 말자.

노르웨이 엄마들의
현명한 미디어 교육법
20

　아동 미디어 교육 분야를 연구해온 루네 요한 크롬스빅(Rune Johan Krumsvik) 교수는 한 언론과의 인터뷰에서 부모들에게 이렇게 질문한 적이 있다.
　"스스로에게 물어보세요. 아이들한테 정말 디지털 도구가 필요한가요?"
　나의 경우 아이의 움직임이 많아지는 만 한 살 이후부터 유치원에 다니기 전까지 거의 매일 아이에게 영상을 틀어주고 싶은 유혹에 시달린 것 같다. 당장 집안일을 해야 할 때, 잠시 쉬고 싶을 때 텔레비전 앞에 아이를 앉혀두면 텔레비전은 군말 없이 아이의 베이비시터가 되어주었다. 아이는 아무것도 몰랐다. 무궁무진한 영상의 세계로 아이를 끌어들인 것은 전적으로 엄마인 내 책임이었다. 엄마가 동영상이라는 쉽고 편한 베이비시터에 중독된 것이다.
　노르웨이 아이들이 보는 영상은 외국에서 수입한 것이 대부분이고, 노르웨이에서 직접 만든 동요 영상도 화면 구성이 단순하고 소박하다. 그에 비해 한국의 유아 동영상은 노르웨이 아이들도 흠뻑 빠져들 만큼 매력적이다. 화려하고 중독성 있는 노래와 교육적 내용까지 담은 풍부한 스토리가 있다는 점에서 수준 차이가 확연히 드러난다.

우수한 한국의 영상 덕분에 육아의 숨통이 트인 경우도 많았지만, 동시에 그 유혹에 계속 넘어가서는 안 된다는 부담감도 확실히 있었다. 그래서 가능한 한 아이와 외출을 많이 했다.

하지만 문제는 또 있었다. 집 밖으로 나오면서 아이의 시선은 화면에서 벗어났지만 정작 엄마인 나는 아이가 놀고 있는 동안 틈틈이 휴대폰을 꺼내들곤 했다. 그러나 그런 내 행동이 바람직하지 않다는 걸 자각하는 것은 그리 어려운 일이 아니었다.

아이와 자주 가던 열린 유치원에 육아 휴직 중인 중국인 아빠가 있었다. 딸아이가 노는 내내 그 아빠는 핸드폰 화면에서 눈을 떼지 못했다. 원래 노르웨이 사람들은 자기한테 불편한 점이 있어도 쉽게 불만을 표시하지 않는다. 웬만하면 갈등을 일으키고 싶지 않기 때문이다. 대놓고 이야기하는 일은 없었지만 엄마들은 그 아빠의 행동을 불편해했다. 나도 딸은 뒷전이고 핸드폰에만 집중하는 그의 모습이 좋게 보이지 않았다. 그때 나는 아이들이 놀고 있는 공공장소에서 어른이 핸드폰을 사용하는 것이 내 아이뿐 아니라 다른 아이들에게도 부정적 영향을 끼칠 수 있다는 것을 깨달았다.

쇼핑몰이나 열린 유치원, 키즈 카페에서 노르웨이 엄마들은 핸드폰을 거의 사용하지 않는다. 당연히 아이에게 직접 핸드폰을 쥐어주고 영상을 보여주는 일도 거의 없다.

문제는 아이가 유치원과 학교를 다니게 되면서 텔레비전, 컴퓨터, 스마트폰, 테블릿 PC 같은 디지털 미디어에 노출되는 빈도가 점점 더 많아진다는 것이다. 노르웨이 엄마들에게도 아이의 미디어 노출은 늘 걱정거리다.

노르웨이 엄마들에게 미디어 사용의 절제를 가르치는 것은 매우 중요하다. 하지만 사용 시간과 방법 등을 일방적으로 지시하기보다는 의논해서 정한다. 아이가 어릴수록 시간 개념을 잘 이해하지 못하기 때문에 언제 기기를 사용할 수 있는지 최대한 구체적으로 이야기해준다.

한나 가족은 공휴일과 주말에 하루 1시간, 방학 기간에는 매일 1시간 동안 원하는 것을 할 수 있는 컴퓨터 시간이 있다. 초등학생, 중학생인 아이들은 각자 컴퓨터 앞에서 이 시간만을 기다린다. 시간이 제한되어 있으니 미리 어떤 것을 해야 할지 생각해놓기도 한다. 아이들이 원하는 것을 할 수 있는 시간이지만 유익한 것과 그렇지 않은 것을 판단하도록 가이드하는 것은 엄마가 반드시 해야 할 일이다. 여기에 더해 한나 엄마는 평소 아이들의 교육에 좋은 영상, 예를 들면 엄마가 하면 잔소리이지만 강연자를 통하면 값진 조언이 되는 영상 리스트를 아이들에게 추천하기도 한다.

바람직한 미디어 교육 방법에 관심을 가지고 실천하는 엄마들은 아이가 핸드폰을 사용하기 전 주의해야 할 점을 미리 교육시킨다. 핸드폰을 사용하는 것이 시간 관리와 돈, 친구, 가족 문화 등 많은 것과 관계있음을 설명해준다. 예를 들면 무료 게임과 유료 게임의 차이점, 그리고 연령에 맞지 않는 콘텐츠에 아이가 임의로 접근하기 전에 충분히 설명한다. 그리고 온라인이나 핸드폰으로 괴롭힘, 위협 및 함부로 이미지와 영화를 전송하는 것은 범죄가 될 수 있다고 알려준다. 되도록이면 아이가 혼자만의 공간에서 사용하지 못하도록 하고, 게임을 하거나 영상을 볼 때 처음 10분이라도 함께 참여해서 그것에 대해 이야기를 나누려고 노력한다.

　노르웨이 교육에서는 역시 협력이 중요하다. 노르웨이 엄마들은 학부모회에서 미디어 교육에 대한 이야기를 나눈다. 예를 들면 핸드폰을 언제 사주어야 하는지, 스마트폰을 사용하는 아이에게 어떤 점을 주의시켜야 하는지, 집에서 핸드폰과 컴퓨터 사용 규칙을 어떻게 정하는지 등이다. 어떤 게임을 하고, 어떤 영상을 보는지 정보를 공유하고 아이에게 어떤 영향을 줄 수 있는지 이야기 나누는 것도 엄마의 역할이다. 요즘 엄마들에게 익숙하고 노르웨이 초등학생들한테 인기 있는 게임은 마인크래프트(Minecraft), 피파(Fifa) 같은 것이고, 유치원 아이들이 하는 게임은 레고(Lego)나 판토란겐(Fantorangen) 같은 것이 있다. 필자의 첫째 아이도 가끔 판토란겐 게임을 하는데 노르웨이 어린이 방송 채널의 캐릭터가 나오는 게임이라 꽤 재미있어한다.

　정해진 규칙 안에서 아이들이 자유롭게 누릴 수 있게끔 하는 것은 분명 노르웨이 엄마들이 가진 힘이다. 쉽지 않지만 상황에 따라, 기분에 따라 아이들과 함께 정한 약속을 엄마인 내가 먼저 깨어버리는 경우는 없어야 한다. 우리 가족은 식사 시간에 핸드폰을 만지지 않고, 텔레비전을 보지 않는 규칙이 있다. 가끔 엄마와 아빠에게 "엄마, 밥 먹을 때 핸드폰 보면 안 되지!"라며 따끔한 일침을 날리는 딸아이는 예외 없는 규칙의 힘을 배운 듯하다.

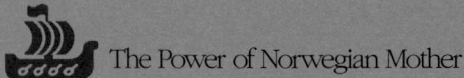
The Power of Norwegian Mother

3부
노르웨이식으로 함께 크는 엄마와 아이

......

노르웨이 엄마들이 중요하게 생각하는 생활 습관 중 가장 중요한 것은 식사 예절이다. 한국 엄마들처럼 밥상머리 교육의 힘을 믿는다. 아이가 조금 서툴더라도 스스로 식사할 수 있도록 연습을 시킨다. 식사 시간에 식탁에서 벗어나 아이를 먹이는 경우는 없다. 음식을 가지고 장난치거나, 딴짓을 하면 단호하게 잘못된 행동임을 가르친다. 식사 예절이 다른 생활 습관이나 공공 예절을 가르치는 데 기본이라고 생각한다.

노르웨이 엄마들의
필수 출산 준비물
21

　첫아이 때 나의 육아 방식을 돌이켜보면 마음가짐도 행동도 거의 8할이 한국식이었다. 아기띠 대신 포대기를 쓰면서 애착 육아, 전통 육아를 하려고 노력했다. 그러나 둘째 아이는 노르웨이 육아 문화가 반영된 육아용품을 이용해 노르웨이 스타일로 키웠다. 노르웨이에서는 노르웨이 스타일만의 육아가 필요하다는 사실을 알았기 때문이다.

　노르웨이 엄마들의 필수 육아용품은 아기 침대, 딜럭스 유모차, 노리개 젖꼭지, 카시트, 식탁 의자, 안전 가드, 기저귀 교환대, 베이비 모니터나 베이비 알람 같은 것이다. 이러한 육아용품을 사용하는 것을 보면 노르웨이 엄마들의 육아 문화를 자연스럽게 알 수 있다.

　노르웨이는 기본적으로 입식 문화이기 때문에 아기에게도 침대는 필수품이다. 신생아 때부터 아기 침대에서 혼자 잠을 재운다. 침실에 일반 아기 침대를 두고, 거실에 좀 더 작은 바구니형 침대나 작은 흔들 침대를 하나 더 두는 경우가 많다. 친한 언니 집 거실에도 왕골로 엮은 바구니형 아기 침대가 있었는데, 가볍고 손잡이가 달려서 집 안 여기저기 옮겨가며 아이를 눕혀놓기 좋은 아이템이었다. 바구니 안에 담요를 깔고, 이불로 아이 몸을 잘 감싸주면 포근한 엄마 품처럼 느껴지는지 잠을 잘 잤다. 이런 휴대용 바구니 침대는 잠을 많이 자는 신생아 시기에만 쓰는 것이어서 지인이나 가족 대대로 물려받는 경우가 대부분이다.

노르웨이 엄마가 가장 신중하게 고르는 육아용품은 바로 유모차다. 한국 엄마들에게 인기가 많은 스토케 유모차는 원래 노르웨이 회사 제품이었다. 그래서 한국 친구들은 노르웨이에서는 스토케 유모차 가격이 어떤지 묻곤 했다. 결론은 한국에 비해 싸지 않다. 비슷하거나 좀 더 비싸다. 그리고 지금은 스토케 육아용품은 한국 회사로 소유권이 넘어가 더 이상 노르웨이 제품이 아니다.

스토케 유모차는 세련된 디자인이긴 하지만 노르웨이 엄마들이 많이 쓰는 유모차는 아니다. 겨울이 긴 노르웨이에서는 눈길에도 끄떡없는 큰 바퀴와 아이가 편안하게 누워 잘 수 있는 넓은 시트의 유모차를 선호하기 때문이다.

노르웨이 엄마들에게 인기 있는 스토케 제품이 있다. 바로 식탁 의자인 트립트랩(Tripp trapp)이다. 이 의자는 내구성이 좋고 튼튼해서 집집마다 있다고 해도 과언이 아닐 정도로 널리 사용하고 있다. 트립트랩은 노르웨이 중고 시장이 열리면 오픈하자마자 팔리는 인기 품목 중 하나다. 특히 할아버지, 할머니들은 손주를 위해 여러 개 구입하기도 한다.

트립트랩이 아니라도 노르웨이 가정에는 유아용 하이체어가 필수다. 아이가 혼자 앉을 수 없는 시기에도 가족과 함께 식탁 문화를 공유하도록 배려하기 때문이다. 아이를 혼자 바닥에 두는 것이 아니라 유아 식탁에 바운서 형태의 보조 의자를 얹어 가족과 함께 식사 시간을 즐길 수 있도록 하는 것이다.

유아용 안전 가드는 요즘 한국에서도 많이 알려진 육아용품인데, 노르웨이 가정에서는 꼭 필요하다. 노르웨이 집은 실내에 계단이 있는 경우가 많다. 또 난방 효과를 높이기 위해 거실에 벽난로를 설치한 경우도 많다. 그래서 아이의 안전을 위해 안전문이나 안전 가드를 반드시 설치한다. 형제나 애완견, 다른 위험 요소로부터 아이를 보호하기 위해 6각 형태의 놀이용 안전 가드를 거실 중간에 만들어두기도 한다. 처음에는 아이를 가둬 놓는 것 같아서 보기 좋지 않을 수도 있지만, 아이가 기어 다닐 때 집안일을 하거나 화장실 갈 때는 확실히 유용하다.

베이비 모니터나 베이비 알람도 노르웨이 엄마들이 많이 사용하는 육아용품이다. 특히 아이 혼자 독립 공간에 있을 때 유용하다. 베이비 모니터는 아기가 있는 곳에 두면 엄마가 다른 공간에서도 아이의 상황을 볼 수 있고, 베이비 알람은 영상 대신 울음이나 뒤척임 같은 소리를 들을 수 있다.

유모차에서 아이가 낮잠을 잘 때도 베이비 모니터나 알람은 유용하다. 노르웨이 엄마들은 아이가 유모차에서 잠들면 침실이나 실내로 옮기지 않고 그대로 밖에 둔다. 이럴 때 유모차 안에 모니터나 알람을 넣어두면 아이가 깼을 때 바로 알아차릴 수 있다. 카페나 다른 집에서 모임이 있을 때 아기가 자고 있으면 알람을 넣어둔 유모차는 밖에 세워두고 안에서 이야기를 나눈다. 그러다 알람에서 소리가 나면 "이제 내 차례야", "오! 내 알람이

네", "호출 왔어요"라고 하며 유모차에 있는 아이를 데리러 나간다.

첫아이를 키우면서 꼭 있으면 좋겠다고 생각한 육아용품 중 하나가 기저귀 교환대였다. 노르웨이 집들은 모두 건식 욕실이고 욕실 바닥은 난방되는 집이 많다. 그래서 대부분 가정에서는 아이를 목욕시킨 후 옷을 입히는 것까지 욕실에서 해결하는 경우가 많은데, 입식 문화이다 보니 서서 기저귀를 갈고, 로션을 발라주고, 옷도 입힐 수 있는 기저귀 교환대가 필수다. 기저귀 교환대 위에는 아이가 누웠을 때 딱딱하지 않도록 두꺼운 방수 매트리스같이 생긴 패드를 놓아둔다. 기저귀 교환대도 여러 가지 제품이 있는데, 아래에 서랍이 달려서 필요한 육아용품을 수납할 수 있는 것도 있고, 서서 목욕을 시킬 수 있도록 욕조 겸용인 것도 있다.

첫째를 키울 때에는 기저귀 교환대가 없어서 거의 바닥에 주저앉아 아이를 케어했다. 하지만 둘째 때는 바닥에서 아이를 안고 일어서는 횟수를 의식적으로 줄이기도 했고, 대부분 서서 아이를 케어하려고 노력했다. 그랬더니 확실히 허리와 하체에 무리가 덜 갔다. 나중에는 서서 아이를 돌보는 데 익숙해져 바닥에서 케어하는 것이 번거롭고 불편하기도 했다.

한국 엄마들에게는 아기띠가 필수 육아용품이지만 노르웨이 엄마들에게는 그렇지 않다. 육아용품점마다 아기띠를 팔기는 하지만 아기띠가 없는 엄마도 많고, 있더라도 그것만 가지고 외출하는 경우는 거의 없다. 내가 유모차 밑에 아기띠를 넣고 다니면 자기들은 잘 사용하지 않는다면서 그걸 하면 힘들지 않느냐고 물어보곤 했다.

한번은 엄마들 모임에서 한국에서는 아기띠 없이 육아하기 힘들다는 말을 한 적이 있다. 아이가 울면 아기띠로 안아주고, 아이를 안은 채 집안일을 하고, 낮잠도 안아서 재우는 경우가 많다고 이야기했다. 그러자 체력적으로 너무 힘들지 않느냐며, 매일 잠들 때까지 안아주느냐고 되묻기도 했다. 노르웨이 엄마들은 아이가 보채거나 울면 노리개 젖꼭지를 많이 사용하고, 집에서나 밖에서나 아이를 오래 안고 있지 않는다.

한국에서 가지고 온 육아용품 중 정말 유용한 아이템이 하나 있다. 한국에서는 층간 소음 때문에 많이 쓰는 유아용 놀이 매트다. 나는 임신한 상태에서 노르웨이로 이사했기 때문에 한국에서 출산용품을 대부분 사갖고 왔다. 놀이 매트도 큰 걸로 두 개나 사서 왔는데, 우리 집에서 모임을 했을 때 노르웨이 엄마들이 너무 좋다며 부러워했다. 노르웨이는 바닥 난방을 하는 집이 매우 드물다. 따라서 바닥이 차가워 아이를 바닥에 바로 눕힐 수 없다. 그런데도 요가 매트 같은 것을 사용하거나 작고 네모난 놀이 매트가 전부다.

노르웨이는 필수 육아 제품만 있는 반면, 한국은 다양하고 편리한 제품이 많다. 처음에는 노르웨이에서 한국식 육아를 하겠다고 출산 준비할 때 사온 육아용품 외에도 한국 제품을 자주 배송받아 썼다. 하지만 시간이 흐르면서 자연스럽게 이곳 환경에 맞는 육아용품을 사용하는 것이 더 낫다는 사실을 깨달았다. 한국에서도 다른 나라의 육아용품을 쓴다면 자신의 환경과 육아 스타일에 맞게 잘 선택하는 게 중요하다는 생각이 든다.

노르웨이 아이들은
왜 떼를 쓰지 않을까?
22

집에서 가까운 곳에 꽤 큰 쇼핑몰이 있다. 토요일이면 아이들과 함께 쇼핑하러 나온 사람이 아주 많다. 장난감을 사달라거나 먹을 것을 사달라고 떼쓰는 아이가 있을 법도 한데, 그런 아이를 찾아볼 수가 없다. 마음대로 뛰어다니고, 아무 데서나 드러눕는 아이도 없다. 가족 단위 손님이 많은 식당에 가도 울거나 떼쓰는 아이, 돌아다니는 아이를 보기 힘들다. 그러니 아이를 말리거나 달래는 엄마도, 혼내는 엄마도 보이지 않는다.

노르웨이 아이들은 왜 떼를 쓰지 않을까? 노르웨이 엄마들은 아이가 떼쓰기 전에 아이 말을 잘 경청한 후 엄마 입장에서 원하는 것을 왜 들어줄 수 없는지 찬찬히 설명한다. 그러면 아이도 끝내 수긍하는 경우가 많다.

하지만 아무리 설명을 잘한다고 해도 아이는 자기중심적이므로 수긍하지 못할 때가 있다. 이때 엄마는 "하지 말라고 했지!", "왜 또 그래!", "그만해!" 등의 말로 답답하거나 화나는 마음을 표현하지 않는다. 안 되는 이유를 정확히 설명했는데도 떼를 쓰면 울게 내버려둔 채 아이 스스로 마음을 추스르도록 한다. 이렇게 반복하다 보면 아이는 스스로 감정을 조절하는 법을 배운다.

노르웨이 엄마들을 보면 긍정적 상황에서는 아이에게 적극적으로 애정을 표현한다. 아이가 아파서 울거나 속상한 일이 있을 때는 충분히 그 감정에 공감해준다. 하지만 생활 습관이나 공공 규칙을 가르칠 때는 매정해 보일 정도로 단호하고, 아이의 감정에 결코 휘둘리지 않는다.

노르웨이 엄마들이 중요하게 생각하는 생활 습관 중 가장 중요한 것은 식사 예절이다. 한국 엄마들처럼 밥상머리 교육의 힘을 믿는다. 아이가 조금 서툴더라도 스스로 식사할 수 있도록 연습을 시킨다. 식사 시간에 식탁에서 벗어나 아이를 먹이는 경우는 없다. 음식을 가지고 장난치거나, 딴짓을 하면 단호하게 잘못된 행동임을 가르친다. 식사 예절이 다른 생활 습관이나 공공 예절을 가르치는 데 기본이라고 생각한다.

노르웨이 사람들은 타인에게 피해 주는 행동을 하지 않으려 조심하고, 공공장소에서 큰 소리를 내지 않는다. 그래서 다른 사람에게 불만이 있어도 그냥 넘어가거나, 소비자로서 물건을 샀을 때도 웬만해서는 컴플레인을 하지 않는다. 이런 성향은 육아에도 반영되어 어릴 때부터 공공장소에서 지켜야 할 것을 분명하게 가르친다.

한국에서 키즈 카페에 갔더니 주인이 나에게 아이들이 노는 곳곳에 CCTV가 있다면서 CCTV 화면이 잘 보이는 곳으로 자리를 안내해주었다. '그럼 내가 아이를 따라다니며 챙기지 않아도 된다는 말인가?' 조금은 당황스러웠다. 노르웨이 엄마들은 멀찌감치 떨어져서 "그러면 안 돼!", "조심해!" 하고 크게 소리를 내는 경우가 없다. 대부분 아이 가까이에서 행동을 적절히 통제한다. 다른 사람에게 피해를 주거나 위험한 행동에 대해서는 계속 주의를 준다. 공공장소일수록 더 작고 차분한 목소리로 아이들에게 이야기한다.

 노르웨이 아이들은 집 안팎에서 떼쓰는 행동을 하기 전 상황에 대한 충분한 설명과 바람직한 행동에 대한 가르침을 받는다. 덕분에 막무가내로 떼쓰는 아이를 보기가 힘들다.

노르웨이에도
'돌치레'라는 말이 있을까?
23

한국 엄마들은 돌 즈음 된 아이가 심하게 아프면 으레 '돌치레하나 보다' 생각한다. 우리 집 첫째도 돌이 조금 지났을 때 열과 구토를 심하게 한 적이 있다. 그때 문득 노르웨이 아이들도 그런지 궁금했다.

노르웨이 아이들 역시 돌 무렵이 되면 잔병치레를 많이 한다. 엄마들은 돌이 되어서 아픈 것이 아니라, 돌 즈음부터 유치원에 다니며 단체 생활을 하다 보니 아픈 것이라고 생각한다. 유치원에서 다른 아이들에게 병을 옮아오기도 하고, 바깥 놀이를 시작하면서 날씨에 따라 외부 환경이 다양하게 바뀌니 몸의 변화를 겪을 수밖에 없다는 것이다.

이곳 아이들이 많이 걸리는 질병은 한국과 비슷해 감기, 수족구, 장염, 눈병 등이 있다. 노르웨이 유치원에서는 38도 넘게 열이 나면 부모한테 연락해 아이를 데려가라고 한다. 아이는 열이 내려야 유치원에 다시 갈 수 있다. 수족구인 경우에는 단체 활동을 하는 데 무리가 없으면 유치원에 갈 수 있다. 딸아이가 수족구에 걸려서 병원에 갔더니 열도 없고 잘 놀면 유치원에 그냥 보내도 된다고 했다. 다른 아이들한테 옮기는 것 아니냐고 했더니 이미 유치원에서 옮아온 것이니 그냥 가도 된다고 했다. 노르웨이에서는 아이가 바깥 활동을 할 수 있는 정도의 몸 상태라면 유치원에 가도 문제가 없다. 하지만 설사를 하거나 토하는 경우에는 규정을 엄격히 지켜 유치원에서 아이를 데려가라는 연락이 온다. 그리고 그때부터 48시간 동안 유치원에 갈 수 없다.

노르웨이 엄마들 중에는 실내 활동을 하면서 서로 질병을 옮기는 경우가 더 많다고 생각하기 때문에 바깥 놀이를 선호하는 경향이 있다. 물론 공기 좋은 곳에 사는 노르웨이 엄마들의 생각이다.

하지만 한국 엄마 입장에서는 바깥 놀이를 많이 하는 게 마음이 편치만은 않다. 어느 겨울날 둘째를 데리고 열린 유치원에 간 적이 있다. 제대로 걷지도 못하는 만 1세 아이들이 아침부터 차가운 바닥에 앉아 놀고 있었다. 서로 대화하며 놀 수 있는 시기도 아니고, 움직임이 자유롭지도 않아서 나이 많은 아이들이 노는 것을 물끄러미 보거나, 바닥에 있는 모래나 돌을 만지면서 노는 게 다였다. 그러면서 아이들은 모래도 먹고, 눈도 먹고, 비가 오면 비도 먹고, 바닥에 고인 물도 먹는다. 바닥에 고인 물을 먹는 아이를 내가 직접 가서 말린 적도 있다. 병원에서 만난 어떤 아이는 모래를 너무 많이 주워 먹어 결국 수술해야 하는 경우도 있었다. 그래서 나는 딸아이가 유치원에 다니기 전부터 모래를 먹으면 안 된다고 여러 번 강조했다. 하지만 어린 나이에 말귀를 알아들을 리 만무했다. 얼마 지나지 않아 모래 푸던 삽을 열심히 빨고 있는 딸아이를 보고 말았다.

노르웨이 엄마들은 유치원에서 이러한 행동을 하지 않도록 평소 바깥 놀이를 할 때 반복해서 주의를 준다. 그럼에도 불구하고 그들에게 청결함이란 한국 엄마들이 생각하는 것과 좀 다른 면이 있다. 돌 전인 데도 쇼핑몰에서 기어 다니는 아이, 해변 모래밭이나 집 정원 잔디밭에서도 기저귀만 찬 채 노는 아이, 맨발로 자전거를 타거나 놀이터에서 노는 아이도 많다. 유치원에서 바깥 놀이를 하다 손도 씻지 않은 채 야외 테이블에 앉아 간식을 먹는 아이도 많고, 다른 아이가 물고 빨던 장난감을 갖고 노는 아이도 많다. 노르웨이 엄마들은 청결함에 집중해서 행동을 제지하기보다는 아이가 스스로 자유롭게 노는 것을 더 중요하게 생각하는 경향이 있다.

　결론적으로 노르웨이에서는 '돌치레'를 의미하는 특정한 말이 없다. 하지만 한국 아이들과 마찬가지로 다양한 잔병치레를 한다. 엄마가 준 면역력이 떨어지면 아이들은 스스로 면역력을 키우기 위해 아프면서 자란다. 이것은 모든 아이가 겪는 과정이다.

노르웨이 의사가
처방전 대신 주는 것은?
24

    노르웨이에 사는 한국 사람들에게 생활하면서 불편한 것이 무엇이냐고 물으면, 아마도 대부분 병원 시스템 이야기를 할 것이다. 한국에서 노르웨이로 이주하기 전 들른 병원에서 의사가 나에게 전 세계 어느 나라를 가도 한국처럼 의사를 쉽게 만날 수 있는 나라는 드물 거라는 말을 했는데, 당시에는 대수롭지 않게 여겼다. 그러나 노르웨이에 와서 의료 시스템을 경험해보니 이곳에서는 아프면 안 되겠다는 생각을 자연스럽게 하게 되었다.

    노르웨이에서는 아프면 병원에 바로 갈 수 있는 것이 아니라, 개인 주치의에게 예약을 해야 한다. 예약을 하더라도 평균 3~4일 이후에나 진료가 잡힌다. 전문의를 만나려면 주치의를 거친 후 요청해야 하는데, 그렇더라도 바로 진료를 받을 수 있는 것은 아니다. 길면 몇 달 후에 예약이 잡히는 경우도 있다. 그래서 노르웨이에서는 병이 나을 무렵 또는 치료 시기를 다 놓친 후에야 겨우 전문의의 진료를 받을 수 있다고 이야기한다.

노르웨이 사람들은 병원에 가더라도 처방전 없이 진료실을 나오는 데 익숙하다. 이곳에서 첫 겨울을 보내던 해, 남편이 고열에 미음도 먹지 못할 만큼 아팠다. 이미 병원 시스템에 대해 들은 적이 있었던 남편은 이틀을 앓기만 하고 견뎠다. 그러다가 결국 안 되겠다 싶어 3일째 되는 날 저녁 지역 병원의 응급실로 갔다. 3시간 넘게 기다려 진료를 받았는데, 의사는 처방전 대신 일주일 동안 집에서 쉬어야 한다는 소견서를 적어주며 회사에 제출하라고 했다. 제대로 일어나 걷지도 못하는 남편은 주사는커녕 단 한 알의 약도 처방받지 못했다. 노르웨이 사람들은 약을 먹지 않고 자가 치료될 때까지 쉬는 것을 당연하게 생각한다.

아이의 경우에는 몸 상태가 좋지 않으면 빠른 진료를 받을 수 있도록 병원에 요청할 수 있다. 하지만 아이라고 해도 약을 처방받는 것은 쉽지 않다. 첫째가 돌 즈음 되었을 때 40도 전후로 열이 오르락내리락했는데, 열이 나고 3일이 지났을 때 병원을 찾아갔다. 의사는 열이 나기 시작하면 3일 정도는 지켜봐야 한다며, 이제 괜찮아질 테니 탈수가 되지 않도록 물을 많이 마시게 하고, 몸에 좋은 음식도 챙겨 먹이라고 했다. 그러고는 어떤 약도 처방해주지 않았다. 3일을 기다려도 상태가 좋아지지 않는 것 같아 병원을 찾은 것인데, 약도 처방해주지 않으니 엄마로서는 답답하기만 했다.

노르웨이에서는 먹는 약, 특히 항생제를 처방하는 경우는 따로 있다. 일단 감기에 걸려 주치의에게 가면 간단한 피 검사를 통해 바이러스성인지 박테리아성인지 구분한다. 바이러스성이면 별다른 약이 없으니 잘 먹으며 쉬라 하고, 박테리아성인데 수치가 높게 나올 경우에만 항생제를 처방해준다.

노르웨이 의료 시스템의 특성상 대부분의 엄마는 병원에 가도 별 소용 없다는 것을 알고 직접 아이 상태를 파악하는 경우가 많다. 그래도 혹시나 하는 마음에 진료 예약을 하는 경우는 증상을 당장 완화해줄 진료나 약 처방을 받기 위해서가 아니다. 의사에게 직접 아이 상태를 보여주고 집에서 쉬면 증상이 완화되는 질병이 맞는지 확인할 필요성이 있기 때문이다.

대부분의 의사는 처방전 대신 생활 습관이나 식생활에 대해 상담해주고 아픈 아이를 돌보는 데 도움이 될 만한 조언을 많이 해준다. 노르웨이 보건소와 병원에 가면 듣는 얘기 중 가장 대표적인 것이 평소 트란(Tran)을 잊지 말고 먹이라는 것이다. 트란은 노르웨이 사람들의 전통적인 영양 보조 식품으로, 한국말로 번역하자면 '대구간유' 즉, 대구의 간에서 추출한 기름이다. 북해에서 잡은 대구에서 추출한 이 기름에는 비타민 A와 비타민 D, 오메가-3 지방산이 풍부하다. 노르웨이의 기후 특성상 햇빛을 잘 쬘 수 없어 아이들은 태어난 후 4주가 지나면 트란을 먹기 시작한다. 레몬이나 딸기 맛을 첨가한 제품도 있지만, 특유의 비릿한 향 때문에 옷에 흘리기라도 하면 아무리 빨아도 냄새가 난다.

필자는 노르웨이에서 두 아이를 키우는 동안 의사를 통해 감기약을 처방받아 먹인 적이 한 번도 없었다. 대신 열이 많이 날 때 밤에 잠을 재우기 위해 해열제를 사서 먹인 경우는 있다. 일반 감기의 경우 약을 먹이지 않아도 1~2주 정도 지나면 증상이 완화된다는 것을 경험으로 알았지만, 엄마는 아픈 아이에게 무엇이든지 해주고 싶은 마음이 크다. 이는 노르웨이 엄마들도 마찬가지다. 아이가 감기에 걸리면 우유를 따뜻하게 데워 꿀을 타 먹이거나 생강·레몬·꿀로 만든 차를 먹인다. 그리고 빵 대신 몸에 좋은 영양 수프를 만든다. 대표적인 것이 오트밀 죽이다. 노르웨이 사람들은 오트밀에 우유나 물을 부어 끓인 다음 잼이나 꿀을 곁들여 먹는다. 한국 사람들이 아플 때 쌀죽을 끓여 먹는 것과 비슷하다. 오트밀 죽 외에도 셀러리, 당근, 비트, 고구마, 마늘, 양파 등을 이용해 영양을 보충할 수 있는 수프를 끓여 먹이기도 한다.

   노르웨이에서 살다 보니 우리 몸의 자연 치유 능력을 자의 반 타의 반으로 믿게 되었다. 약을 챙겨 먹이면 당장 증상은 호전될 수 있으니 엄마도 아이도 덜 고생하는 방법이기는 하다. 하지만 시간이 좀 걸리더라도 아이가 스스로 치유하도록 기회를 주면 면역력도 조금씩 강해지지 않을까 하는 긍정적 생각을 하면서 불편함을 감수한다.

노르웨이 엄마들이
부엌에서 자유로울 수 있는 이유
25

　노르웨이 사람들은 하루에 네 끼를 먹는다. 아침, 점심, 저녁, 그리고 자기 전에 배가 고프면 간단한 야식(kveldsmat). 한국은 삼시 세끼를 보통 따뜻한 음식으로 제대로 차려 먹지만 이곳 사람들은 네 끼 중 저녁 한 끼만 제대로 챙긴다. 아침과 점심에 간단한 오픈 샌드위치나 샐러드, 과일을 먹는데 양도 많지 않다. 노르웨이 사람들이 먹는 양을 보면 그 큰 덩치를 유지하는 게 신기할 정도다. 하지만 바쁜 아침에 식사를 제대로 챙겨야 하는 부담이 없으니 엄마들로서는 좋은 식문화라는 생각도 든다.

　노르웨이는 대부분의 유치원과 학교에서 점심 급식을 하지 않는다. 그래서 아침마다 도시락을 싸야 하는데 아침 식사로 먹는 과일이나 야채, 빵을 조금씩 덜어 도시락을 싸면 되기 때문에 엄마가 아닌 아빠나 아이가 스스로 도시락을 준비할 수 있다.

　대신 저녁 한 끼는 가족이 모두 모여 따뜻한 음식을 만들어 먹는다. 퇴근한 부모들은 집에 오자마자 저녁 식사를 준비한다. 밑반찬이 있는 식문화가 아니다 보니 매일매일 새로운 단품 메뉴를 만든다. 식사 준비는 아내가 할 때도 있고 남편이 할 때도 있다. 내가 아는 노르웨이 남편들은 대부분 요리를 참 잘한다. 아내 대신 식사 준비를 도맡아 하는 집도 많다. 그런데 노르웨이 식탁을 들여다보면 남자도 충분히 요리를 할 수 있다는 생각이 든다. 평소에 먹는 요리가 한국 음식처럼 손맛이 필요하거나 시간이 오래 걸리는 게 아니기 때문이다.

마트에 가보면 20분 이내에 요리를 끝낼 수 있도록 최적화된 제품이 많다. 돼지고기와 소고기, 닭고기는 포장을 뜯으면 바로 스테이크를 해 먹을 수 있도록 손질되어 있다. 자주 먹는 생선인 대구와 연어도 마찬가지다. 마늘이나 고추, 허브 등으로 이미 시즈닝한 제품도 있어 오븐에 넣기만 하면 된다. 샐러드용 채소도 여러 종류를 먹기 좋게 씻어서 한 번에 먹을 수 있게 포장해 판다. 브로콜리나 콜리플라워, 당근, 양배추, 버섯까지 바로 조리할 수 있도록 적당한 크기로 잘라서 포장해 판매한다. 당근, 양배추, 파 등을 적당한 크기로 썰어서 씻어놓은 채소 팩 제품 중에는 "이것은 성인 2명과 어린이 2명이 함께 먹을 수 있는 볶음 요리에 적합하며, 여기에 그려진 볶음용 고기와 소스를 함께 구입하면 10분 이내에 저녁 준비를 완성할 수 있다"는 레시피이자 광고 문구도 있다.

저녁 메뉴로 냉동 피자를 데워 먹는 집도 많고, 야외에 설치해둔 가스 그릴에 고기를 구워 먹는 경우도 많다. 노르웨이 남자들은 자동차 다음으로 좋은 브랜드의 가스 그릴을 가지고 싶어 한다는 말이 있을 정도로 가스 그릴에 대한 로망이 있다. 노르웨이 사람들은 고기를 정말 많이 먹는다. 인구

중 절반 이상이 일주일에 세 번 이상 고기를 구워 먹는다는 조사 결과도 있다. 이들은 고기를 먹을 때 거의 소금과 후추, 허브 정도만 뿌려 감자나 샐러드와 함께 즐긴다.

여담이지만 한국인 아내와 사는 노르웨이 남편들은 쌈장에 고기를 찍어 먹는 걸 좋아한다. 쌈장이 노르웨이 사람들 입맛에 맞는다는 사실이 처음에는 좀 놀라웠지만, 내가 아는 몇몇 분은 맛있는 쌈장과 덜 맛있는 쌈장까지 구별해내기도 한다.

한국 음식은 매운 것이 많아서 아이들 메뉴를 따로 만들어야 하는 번거로움이 있지만, 노르웨이에서는 그럴 필요가 없으므로 엄마들의 부담을 덜어준다.

게다가 노르웨이 가정에는 대부분 식기세척기가 있기 때문에 식사 후 뒷정리도 10분이 채 걸리지 않는다. 생각해보니 노르웨이 엄마들은 부엌에서 충분히 자유로울 수 있는 조건을 다 갖춘 셈이다.

노르웨이 시댁에서 한식 메뉴를 준비하는 한국인 며느리에게 시어머니가 한국 음식은 맛있지만 요리하는 데 너무 많은 노력과 시간이 든다는 말을 했다고 한다. 노르웨이 엄마들에 비해 노고가 많은 한국 엄마들은 가족 앞에서 생색을 좀 내도 될 것 같다.

아이들에게도
사진 찍히지 않을 권리가 있다
26

한국에서는 만삭 사진부터 신생아, 50일, 백일, 돌, 주니어 사진까지 촬영한다고 하면 노르웨이 엄마들은 신기해한다. 이곳에도 엄마들이 보는 잡지에 아기 스냅 촬영 광고가 있긴 하다. 폭신한 양털 러그 위에 하얀 털로 짠 손싸개와 발싸개를 한 아이들이 새끼 양인 듯 누워 있는 콘셉트가 북유럽 노르웨이답다. 하지만 아기 사진을 찍기 위해 스튜디오에 가는 경우는 거의 없다.

첫아이를 임신한 후 나는 남편과 성장 앨범 이야기를 한 적이 있다. 남편은 아이의 성장 사진을 꼭 찍어야 할 이유가 없다는 입장이었고, 나는 아이의 어릴 적 모습을 가장 예쁘게 남겨두고 싶어 하는 엄마의 마음을 모른다며 반박하곤 했다. 결국은 스냅 촬영 같은 것은 하지 않기로 했다. 대신 평소 아이가 예쁜 짓을 할 때마다, 또 나들이나 여행을 갈 때마다 사진을 찍어서 매달 가족 신문을 만들기로 했다.

그런데 내가 마음대로 사진을 찍지 못하는 한 곳이 있었다. 바로 열린 유치원이다. 첫아이와 내가 자주 들른 열린 유치원에는 다른 엄마들의 허락을 받아야 사진을 찍을 수 있다는 주의 사항이 있었다. 그래서 나는 열린 유치원에서는 내 아이만 나오는 장면이 연출되는 경우에만 살짝 사진을 찍었다. 다른 열린 유치원에 갔을 때도 상황은 마찬가지였다. 사진 촬영과 관련한 주의 사항이 없고 그런 안내를 받지도 못했지만, 다른 엄마들은 전혀 사진을 찍지 않았다.

나는 노르웨이 엄마들과 함께 하는 바르셀 그룹이 나중에 좋은 추억이 될 것 같아서 사진으로 꼭 남겨놓고 싶었다. 그래서 한번은 엄마들에게 물어본 적이 있다. "아이들 사진을 좀 찍어도 될까요?" 엄마들은 흔쾌히 그래도 된다고 이야기했지만 한 엄마가 "SNS에는 올리지 말아줘요"라는 단서를 붙였다.

둘째 아이의 바르셀 그룹은 SNS에 개설한 비밀 클럽을 통해 서로 이야기를 나누곤 했는데, 엄마들의 개인 SNS에 들어가 보면 아이 사진을 올려놓은 경우는 없었다. 아니 있긴 했는데, 노르웨이 엄마가 아닌 나와 포르투갈에서 온 실비아 딱 둘뿐이었다. 바르셀 그룹에서 다른 엄마들의 허락을 받고 내가 아이들 사진을 찍을 때 옆에서 같이 사진을 찍은 엄마도 실비아뿐이었다. 사진을 찍으며 좋아하는 우리를 보고 한 엄마는 이렇게 말했다. "아이가 사진을 찍고 싶어 하는지, 알 수 없기 때문에 아이 사진을 찍을 수 없어요." 나는 어릴 적 추억을 남겨주는 것은 아이를 위한 것이라고 여겼는데, 그 엄마의 말을 듣고는 내가 생각지 못한 다른 관점이 있다는 것을 깨달았다.

그 말을 들은 후 나와 실비아는 SNS에 아이 얼굴을 담은 사진을 올리지 않았다. 아이 사진을 올리더라도 뒷모습만 나오거나, 얼굴이 나오지 않는 것만 올렸다. 사실 이 일이 있기 전까지만 해도 지인들과 소통하는 SNS에 아이의 모습을 올리지 못할 이유는 없다고 생각했다. 물론 노르웨이에 와서 블로그를 시작할 때 불특정 다수에게 내 모습이나 일상을 자세히 공개한다는 게 조심스러워 개인사나 우리 부부의 얼굴이 나온 사진은 올리지 않았다.

노르웨이에서는 유치원에 입학할 때 사진이나 동영상 촬영 허락 여부를 조사한다. 대부분의 엄마는 촬영을 허락하지만 유치원에서 찍은 아이들 사진을 불특정 다수에게 공개하는 일은 없다. 우리 아이가 다니는 유치원에서는 매일 그날 활동한 사진을 게시판에 붙여두고 모든 부모가 볼 수 있도록 해놓는다. '겨울 스포츠의 날'처럼 좀 큰 행사를 하는 날에는 얼굴이 나오지 않게 찍은 사진을 홈페이지에 올리기도 한다. 다리나 손 또는 뒷모습만 나온 사진에서 아이들의 옷과 신발을 보고 자기 아이를 찾아내는 것도 나름 재미있다.

나는 아직까지 '아이들에게도 사진이 찍히지 않을 권리'가 있다는 그 엄마의 의견에 전적으로 공감하지 못한다. 노르웨이에서도 자신의 육아를 과시하려는 엄마 블로거들은 아이들 사진을 열심히 찍어 올린다. 유치원 행사가 있으면 몇몇 부모는 동영상 촬영도 하고 사진도 찍는다. 결국 부모의 성향에 따른 것이기는 하지만, 분명한 점은 불특정 다수가 모인 자리에서 사진을 찍는 것은 에티켓과 관련이 있다는 것이다.

나는 우리 가족 신문의 편집장으로서 소중한 추억들을 그냥 놓치고 싶지 않다. 그래서 여전히 아이들의 순간순간을 사진으로 남긴다. 그리고 종종 다른 부모들에게 양해를 구한다. "사진 좀 찍어도 될까요? SNS에는 올리지 않을게요."

아이 옷이 더러울수록 만족하는 노르웨이 엄마들
27

　노르웨이 아이들은 유치원에 가면 매일 밖에서 논다. 비가 오면 비옷을 입고, 추우면 겨울용 우주복을 입고 나간다. 그래서 아이들의 야외 활동을 위해 날씨에 맞는 다양한 기능성 제품이 많다. 비옷도 여름용, 가을용, 겨울용이 있고, 장갑도 비 올 때 끼는 것과 눈 올 때 끼는 것, 아주 추울 때 끼는 것이 따로 있다. 봄가을과 겨울용 야외 우주복이 따로 있으며, 신발도 운동화와 장화, 부츠 등을 계절별로 갖춰야 한다. 엄마들은 아이가 바깥 놀이를 하기에 편한 사이즈로 준비해야 하기에 매년 모든 것을 새롭게 장만해야 한다. 또 밖에서 노는 만큼 매일 더러워지고, 눈과 비에 젖기 때문에 여러 개를 준비해야 한다. 그래서 노르웨이 엄마들이 육아비로 가장 많이 지출하는 항목 중 하나가 의류비이다.

　노르웨이 유치원에 아이를 보내면 옷이 더러워지는 데 익숙해질 수밖에 없다. 옷이 더러운 만큼 아이가 즐겁게 놀았다는 뜻이기 때문이다. 엄마들은 유치원에서 아이를 픽업하면서 더러워진 옷과 장갑, 신발 등을 챙긴다. 그리고 서로 "아이들이 오늘도 재미있게 놀았나 보네요"라며 웃는다.

딸아이가 유치원에 다니기 시작하고 한 달쯤 지났을 때였다. 항상 아빠가 갔는데, 그날 처음으로 내가 딸아이를 픽업하러 갔다. 그런데 그날 본 아이의 모습은 충격 그 자체였다. 야외 놀이터에서 놀고 있었는데 모래를 어떻게 뒤집어썼는지 머리카락과 옷 속까지 모래 범벅이었다. 게다가 콧물은 모래와 엉켜 굳어 있고, 똥을 싼 냄새까지 났다.

노르웨이 유치원 교사들에게 한국에서만큼 아이들을 정성스럽게 챙겨달라는 말을 할 수는 없다. 노르웨이 사람들은 신체적·정신적 노동의 정도를 감당하는 한계치를 정해두고 있다. 유치원 교사도 마찬가지다. 하루에 기저귀를 가는 횟수가 정해져 있어 그 시간 외에는 똥을 싸지 않는 이상 기저귀를 갈아주지 않는다. 유치원 행사가 있어 부모들이 모여 있어도 근무 시간이 끝난 선생님은 먼저 쿨하게 퇴근한다. 사소한 일이지만 아이가 코를 흘리고, 화장실에 다녀온 후 바지를 제대로 못 올려 허리가 다 보여도 꼭 필요한 경우가 아니면 챙겨주지 않는다. 아이들의 헝클어진 머리카락까지 단정하게 묶어주는 건 기대도 하지 않는다.

또 한번은 아이를 데리러 갔더니 아침에 입었던 것과 다른 옷을 입고 있었다. 비가 와서 비옷을 입고 놀았다고 하는데, 속에 입은 옷부터 장화 속 양말까지 모두 젖어 있었다. 아이에게 뭐 하고 놀았느냐 물어보니 물통에 물을 받아 목욕 놀이를 했다고 했다. 게시판에 붙은 사진을 보니 딸아이가 유치원 건물 처마 밑에서 플라스틱 통에 떨어지는 물을 받으며 노는 모습이 있었다. 춥지 않았냐고 했더니 괜찮았단다. "그래, 그럼 됐다" 말하고 젖은 비옷과 옷, 양말, 장화 등을 모두 챙겨 나왔다.

　노르웨이 엄마들은 여름 내내 아이 옷에 묻은 모래와 씨름한다. 북유럽이지만 오슬로 지역의 여름은 해가 뜨면 햇살이 꽤 뜨겁다. 가벼운 옷차림으로 마음껏 뛰어노는 아이들은 더할 나위 없이 행복하겠지만, 엄마들은 주머니부터 양말 안까지 들어간 모래를 세탁기에 넣기 전에 털어내는 일을 매일 반복해야 한다.

　지금은 나도 아이가 유치원에서 돌아왔을 때, 얼굴과 옷과 신발이 더러울수록 흐뭇하다. "오늘도 잘 놀았다"는 아이의 말에 진심을 가득 담아 칭찬해준다. 주말이나 휴가 때 아이가 모래 바닥이나 젖은 곳에서 놀고 싶어 해도 너그럽게 허락해준다. "손 더러워지니 하지 마", "옷 더러워지니 하지 마" 같은 말은 마음속에만 담아둔다. 대신 "그럼 괜찮지", "네가 원하면 그렇게 해"라고 말한다. 노르웨이 엄마들처럼.

〈겨울 왕국〉의 사랑 전도사 '트롤'과 함께 크는 아이들

28

　노르웨이 아이들에게 디즈니 만화 영화의 캐릭터는 그야말로 일상이다. 장난감 가게에 가면 디즈니에서 나온 캐릭터 장난감으로 가득 차 있다. 내가 어릴 때 보던 〈백설 공주〉의 공주 옷과 〈스파이더 맨〉에서 주인공이 입은 슈트는 아이들에게 여전히 인기며, 〈라이온 킹〉에 나오는 심바 인형과 〈니모〉 시리즈의 캐릭터 장난감도 진열되어 있다.
　그중에서도 노르웨이를 배경으로 한 〈겨울 왕국〉은 여자아이들 사이에서 단연 인기 최고다. 유치원에서 카니발 행사가 있는 날이면 엘사 드레스가 가장 인기 높다. 평소에도 여자아이들은 엘사와 안나가 그려진 옷을 입고 머리핀이나 머리띠를 하고 유치원에 간다.
　〈겨울 왕국〉의 아렌달 왕국의 배경은 노르웨이 제2의 도시인 베르겐이고 엘사, 안나라는 이름도 노르웨이 사람들이 실제로 쓴다. 게다가 영화에서 사랑 전문가로 나오는 트롤(Troll)도 노르웨이 곳곳에서 다양한 모습으로 만날 수 있다. 노르웨이 아이들에게 〈겨울 왕국〉은 자신들이 마치 주인공인 것처럼 친숙한 이야기로 가득 차 있다.

특히 트롤은 노르웨이 여행을 할 때마다 몇 번씩 그 모습을 마주하는 친숙한 캐릭터다. 오슬로 시내의 기념품점 앞에는 항상 난쟁이 트롤 모형이 서 있고, 유명하다 싶은 관광지에 가면 트롤 동상이나 트롤 캐릭터용품이 항상 전시되어 있다. 아이들은 트롤이 나오는 동요도 즐겨 부른다.

〈겨울 왕국〉에서는 트롤이 지혜로운 캐릭터로 재탄생했지만, 실제 노르웨이에서 트롤은 못생기고 어리석은 난쟁이이거나 거인 모습을 하고 있다. 트롤은 동굴이나 산속 언덕 어디쯤에 사는 것으로 알려져 있는데, 엉클어진 머리카락에 코에서는 나무나 이끼가 자란다. 손가락은 네 개인 데다 소꼬리 같은 꼬리도 달려 있다. 해를 보면 죽거나 돌로 변하기 때문에 밤에만 만날 수 있다. 처음 봐서는 호감 가는 인상이 결코 아니다.

노르웨이의 유명한 우화 중 〈용감한 세 마리 염소(The Three Billy Goats Gruff)〉라는 게 있다.

옛날 옛적에 용감한 염소 세 마리가 있었다. 작은 염소, 조금 더 큰 염소 그리고 큰 염소가 푸른 들판에 살고 있었다. 그들은 달콤한 풀을 좋아했는데 그들이 있는 곳의 풀은 모두 먹어버려서 더 이상 먹을 것이 없었다. 배고픈 염소들은 다리 건너편 들판에 풀이 무성한 것을 보았지만 그곳으로 가려면 다리 하나를 건너야 했다. 그 다리 밑에는 무섭고도 끔찍하게 생긴 트롤이 있었다. 그는 항상 배가 고팠고, 제일 좋아하는 음식이 바로 맛있는 육즙이 나오는 염소였다.

배고픔에 용기를 낸 작은 염소가 다리를 건너기로 마음먹었다.

Trip, trap, trip, trap, trip, trap(여행, 함정, 여행, 함정, 여행, 함정).

다리에 발을 디딘 순간 커다란 포효 소리가 들렸다.

"누가 내 다리를 건너는 거지?"

용감한 작은 염소가 나지막한 목소리로 말했다.

"아, 나야. 가장 마른 염소. 나는 살을 찌우기 위해 다리 건너 언덕으로 가는 길이야."

"나는 지금 너를 잡아먹겠어."

"오, 안 돼! 나를 잡아먹지 말아줘. 나는 너무 작아. 조금만 기다리면 두 번째 염소가 올 거야. 그 염소는 나보다 훨씬 커."

"그래? 그럼 너는 가."

조금 있으니 두 번째 용감한 염소가 왔다.

Trip, trap, trip, trap, trip, trap(여행, 함정, 여행, 함정, 여행, 함정).

"누가 내 다리를 건너는 거지?"

트롤이 소리쳤다.

"나는 두 번째 용감한 염소야. 나는 살을 찌우기 위해 다리 건너 언덕으로 가는 길이야."

"나는 지금 너를 잡으러 올라갈 거야."

"오, 안 돼! 나를 잡아먹지 마. 조금만 기다리면 나보다 더 큰 염소가 올 거야."

두 번째 염소의 목소리는 작은 염소처럼 나지막하지 않았다.

"아주 잘됐군! 그럼 너는 가."

조금 있다가 가장 큰 염소가 다리를 건너기 시작했다.

Trip, trap, trip, trap, trip, trap(여행, 함정, 여행, 함정, 여행, 함정)!

세 번째 큰 염소는 너무 무거워서 걸을 때마다 다리가 삐걱거렸다.

"누가 내 다리를 건너고 있지?"

트롤이 소리쳤다.

"나야! 크고 용감한 염소!"

세 번째 염소는 목소리가 크고 굵었다.

"나는 지금 너를 잡으러 올라갈 거야."

"그래, 올 테면 와봐. 나는 큰 뿔을 두 개나 가지고 있어. 이 뿔로 너를 무찌를 거야!"

큰 염소는 자신의 뿔로 트롤의 눈을 찌르고 힘껏 밀어서 다리 밑으로 빠뜨려버렸다. 그리고 유유히 언덕을 향해 걸어갔다. 세 마리의 용감한 염소는 마음껏 풀을 먹었고 뚱뚱해졌지만, 트롤이 무서워서 집으로 돌아갈 수 없었다.

snip, snap, snout(이놈의 주둥이!/뒷날은 알 수 없으니 함부로 말하지 말자).

이 〈용감한 세 마리 염소〉는 본 뢰르비크(Bjørn F. Rørvik)가 각색해 그림책 《워터파크에 간 세 마리 염소(Billy Goats Gruff at the waterpark)》(2009), 《다시 돌아온 세 마리 염소(The Return of the Billy Goats Gruff)》(2014), 《염소들 학교에 입학하다(The Billy Goats Gruff starts school)》(2017) 등으로 출판되어 그 큰 인기를 얻고 있다.

이렇게 현대적으로 재창조되는 트롤을 보면 한국 아이들의 도깨비 이야기와 비슷하다는 생각이 든다. 오래전부터 내려오는 전래 동화 속 캐릭터이지만, 지금도 여전히 '도깨비 나라' 같은 동요도 부르고 도깨비가 나오는 그림책을 보는 것처럼 노르웨이 아이들에게도 트롤은 여전히 친숙하고 흥미로운 캐릭터다. 〈겨울 왕국〉은 노르웨이 아이들이 평범하게 즐기던 트롤을 세계적으로 유명하게 만들었다.

아이들이 주인공인
노르웨이 명절 이야기
29

한국의 명절이 설과 추석이라면 노르웨이의 명절은 부활절[노르웨이어로는 포스케(påske)]과 크리스마스다. 공휴일로만 따지면 부활절은 노르웨이에서 가장 긴 연휴다. 보통 노르웨이 사람들은 부활절 앞뒤로 3일이나 4일 정도 휴가를 더 써서 최장 2주까지 연휴를 보낸다. 기독교와 관련한 연휴이지만, 사실 종교적 의미로 부활절을 보내는 가족은 거의 없다.

겨울의 끄트머리이자 봄의 시작인 부활절 연휴는 스키를 탈 수 있는 마지막 시즌이라 많은 가족이 스키장으로 여행을 간다. 스키장을 찾지 않으면 유럽의 관광지를 찾아 해외여행을 떠난다. 그래서 부활절 연휴 기간의 유럽 명소는 언제나 관광객으로 북적거린다.

가족 여행을 떠나지도 않고 아무런 준비 없이 부활절을 맞는다면 아이들에겐 너무 지루한 명절이다. 그래서 노르웨이 엄마들에게는 아이들을 위해 준비하는 부활절 이벤트가 몇 가지 있다.

부활절 연휴를 즐겁게 보내기 위한 콘텐츠는 바로 '탐정'이다. 가족은 아이와 함께 탐정놀이를 하거나 탐정 소설을 읽고, 탐정 영화를 보는 것으로 부활절 연휴를 즐긴다. 우유 패키지에도 탐정 만화를 연재할 만큼 부활절 기간은 탐정 이야기로 들썩인다.

마리에 가족은 부활절 연휴마다 아버지가 자란 시골집에 간다. 집 안 곳곳은 부활절 토끼와 달걀로 장식한다. 그리고 사촌들과 함께 탐정놀이를 한다. 집집마다 좀 다르지만 부활절 토끼 이야기를 들으면서 탐정놀이를 시작하면 더욱 재미있다.

"옛날에 토끼는 원래 새였어. 이 토끼는 다른 새들처럼 새끼를 한꺼번에 많이 낳고 싶었는데 그럴 수 없는 것이 속상했대. 그래서 토끼는 새끼를 많이 낳고 싶다는 소원을 빌었고, 그 소원이 이루어져서 알을 낳게 된 거야. 지금 막 토끼가 집 안팎에 알을 낳았어. 이제 숨어 있는 알들을 찾으러 떠나볼까?"

아이들은 어른이 미리 숨겨놓은 알을 찾기 시작한다. 집 안 곳곳, 정원, 가까운 숲에 나가서 알을 찾는다. 노르웨이 아이들의 보물찾기 놀이다. 어른들이 미리 준비해둔 지도에는 보물을 찾는 힌트가 표시되어 있다. 아이들은 힌트가 있는 곳을 찾아가고 그곳에서 다음 힌트를 얻는다. 수수께끼를 풀며 보물이 있는 곳까지 도착하면 '포스케에그(påskeegg)'가 있다. 작은 달걀 모양의 초콜릿이나, 큰 달걀 모양의 종이 상자 안에 여러 가지 초콜릿을 넣은 포스케에그는 노르웨이 아이들에게 주는 가장 일반적인 부활절 선물이다.

아이들과 함께 부활절 퀴즈 놀이도 한다. 부활절이 다가오면 서점에는 부활절 퀴즈 책이 나온다. 아이와 어른의 문제가 따로 있어서 나름 공평하게 팀을 이뤄 놀이를 진행할 수 있다. 아이를 위한 문제는 일반 상식부터 만화 영화 주인공 이름을 묻는 것까지 다양하다. 예를 들면 '추울 때 손에 끼는 것은 무엇일까요?', '〈겨울 왕국〉에 나오는 눈사람의 이름은 무엇일까요?' 같은 문제다.

어른을 위한 문제는 노르웨이 역사부터 다른 나라의 수도, 유명 작가의 작품에 대한 질문까지 다양하다. 노르웨이 사람들은 외국인을 처음 만나면 인구가 몇 명인지, 국가 면적이 얼마나 되는지부터 물어보는 경우가 꽤 있다. 처음에는 노르웨이 사람들의 대화를 들으면 일반 상식이 풍부하다는 생각이 들고, 다른 나라에 대해 궁금해하는 관점이 다르다는 생각까지 했는데, 이제 와 생각해보니 어릴 적부터 이런 퀴즈 놀이에 익숙해서 그런 것 같기도 하다.

노르웨이 엄마들은 자신들의 어린 시절에 비해 아이들이 밖에서 노는 시간이 점점 줄어들고 영상이나 게임에 노출되는 시간이 많아진 것을 안타까워한다. 그래서 아이들과 함께할 수 있는 놀이를 미리 준비해서 더욱 즐거운 연휴를 보낼 수 있도록 신경 쓴다.

노르웨이 아이들은 한 달 동안 크리스마스 선물을 받는다
30

　노르웨이의 겨울은 어둠 그 자체다. 남쪽에 위치한 오슬로도 오후 4시를 넘기지 못하고 해가 저물기 시작한다. 밤이 모든 것을 지배하는 것 같은 겨울을 설렘과 즐거움으로 채워주는 것은 바로 크리스마스다. 노르웨이어로 크리스마스가 '율(Jul)'이다.

　크리스마스는 노르웨이 최대 명절이다. 공식 연휴는 크리스마스 전후를 포함해 3일이지만, 많은 직장인이 휴가를 남겨두거나 연장 근무한 시간을 모아서 2주 정도 연휴를 보낸다. 연휴가 시작되기 한참 전이지만 12월에 접어들면 주중과 주말 틈나는 대로 지인을 초대해서 크리스마스 기념 저녁 식사인 율레보르(Julebord)를 즐긴다. 그래서 12월은 내내 파티 분위기로 들떠 있다.

　노르웨이 사람들은 "집은 천국이다"라는 말을 하곤 한다. 이곳에서 지내다 보면 집은 천국이나 다름없는 곳이어야 한다는 생각을 자연스럽게 하게 된다. 노르웨이 사람들은 집보다 더 아늑하고 편안한 곳이 없다고 생각할 만큼, 또 크리스마스 분위기에 맞게 집 꾸미는 일에 정성을 다한다. 12월이 되기 전부터 집 안 곳곳을 크리스마스 장식으로 채워나간다. 집 안을 따뜻하고 아늑한 분위기로 만드는 양초는 노르웨이 사람들이 좋아하는 인테리어 소품으로, 크리스마스 4주 전부터 불을 붙여둔다. 한 주에 하나씩 네 개의 큰 초가 다 녹으면 드디어 크리스마스를 맞는다. 또 꽃으로 집 안 곳곳을 장식하길 좋아하는데, 붉은 별 모양의 포인세티아(poinsettia)는 크리스마스 분위기를 내기에 가장 적합한 꽃이다. 아빠는 어른 키 정도 크기의 전나무를 사 와서 아이들과 함께 트리를 꾸민다. 창고에 넣어둔 크리스마스 장식품을 꺼내 창가와 테이블을 장식하는 것은 거의 엄마 몫이다. 북유럽에서만 볼 수 있다는 크리스마스 인형인 율레니세(Julenisse)도 책장에 얹어둔다.

율레니세는 노르웨이의 헛간 요정(Fjøsnisse)과 미국의 산타클로스가 합쳐진 모습의 인형이다. 헛간 요정 이야기는 아주 흥미롭다.

노르웨이 농부들은 예로부터 헛간에 작은 남자 요정이 살고 있다고 믿었다. 회색 옷에 농부들이 즐겨 쓰는 빨간 모자를 쓴 헛간 요정은 부끄러움이 많아서 사람들 눈에는 거의 띄지 않는다. 빨간 모자 안쪽은 회색인데 모자를 뒤집는 순간 투명하게 변한다. 그래서 농부들은 농장에 이상한 일이 생기면 괜히 헛간 요정을 탓하기도 한다. 헛간 요정은 1년간 헛간의 가축들을 잘 보살펴주는 보답으로 크리스마스가 되면 오트밀 죽과 수제 맥주를 선물 받고 싶어 한다. 농부들은 헛간 요정을 배고프게 하거나 서운하게 하면 동물이나 사람한테 해코지를 한다고 믿기 때문에 크리스마스 파티를 한 후 남은 음식을 가져다준다. 오트밀 죽의 맛을 살려주는 버터 한 조각을 넣는 것도 잊지 않는다. 버터를 넣지 않으면 젖소를 죽여버린다는 말이 전해오기 때문이다. 옛날에 오트밀 죽에 버터가 가라앉은 것을 모른 헛간 요정이 화가 나서 젖이 제일 잘 나오는 젖소를 죽였는데, 다시 헛간으로 돌아와 그릇 아래에 가라앉은 버터를 발견하고는 옆 농장의 젖소와 죽은 젖소를 살짝 바꿔놓았다는 이야기도 있다. 그래서 노르웨이 가족들은 지금까지도 헛간 요정을 가족을 지켜주는 수호천사로 여기고 크리스마스트리 밑에 맛있는 음식을 놓아둔다.

노르웨이 엄마들은 12월이 되기 전에 아이들을 위한 크리스마스 달력(Julekalender)을 만드느라 분주하다. 12월 1일부터 24일까지 24개의 작은 선물을 받을 수 있는 달력으로, 여러 종류가 있다. 매일 다른 모양의 초콜릿이 들어 있는 초콜릿 달력도 있고, 여러 가지 모양과 맛의 젤리가 들어 있는 젤리 달력, 레고 부품이 하나씩 들어 있어 마지막에 레고를 완성할 수 있는 레고 달력도 있다. 상품으로 판매하는 크리스마스 달력도 있지만 많은 엄마가 아이를 위한 선물 24개를 직접 준비한다. 정성스럽게 포장한 뒤 자기 아이만을 위한 선물 달력을 만든다. 캐릭터 스티커, 손가락 인형, 색연필, 새 치약과 칫솔, 양말, 비눗방울, 풍선 등 매일 다른 선물을 준비하고 마지막 24일에 줄 선물은 가장 아이가 좋아할 만한 것으로 마련한다.

어떤 엄마는 크리스마스 달력 대신 크리스마스 이야기를 담은 24권의 책을 준비해서 매일 밤 한 권씩 읽어주기도 한다. 어떤 방식으로든 어린 시절 행복한 크리스마스를 보냈다는 기억을 심어주고 싶어 하는 마음이 담겨 있다.

또 크리스마스가 되기 전 아이들과 함께 쿠키를 굽고, 케이크를 만든다. 가장 흔히 볼 수 있는 쿠키는 페퍼카케(peparkake)이다. 유치원에서도 선생님과 함께 페퍼카케를 만들어서 나눠 먹고, 엄마와 아빠에게 선물한다. 아이들과 함께 쿠키나 케이크를 만들며 크리스마스를 맞는 분주함은 명절 전에 음식을 준비하는 한국과 크게 다르지 않다.

크리스마스가 가까워지면 트리 밑에 가족을 위한 선물이 차곡차곡 쌓인다. 크리스마스 전에는 지인과 함께 어울리지만, 크리스마스이브만큼은 떨어져 지낸 가족이 최대한 멋지게 차려입고 함께 모여 파티를 즐긴다. 노르웨이 가족은 음식 맛보다 분위기를 즐긴다. 크리스마스 전통 음식으로 양고기 요리인 핀네셧이나 삼겹살 요리가 있지만 냉동 피자를 올려도 문제될 것이 없다. 크리스마스 분위기를 즐기는 식사 자리 자체를 더 중요하게 생각하기 때문이다. 아이들과 함께 트리를 돌며 노래를 부르고 선물을 풀어보면서 크리스마스를 즐긴다.

이렇듯 노르웨이 사람들의 명절은 가족과 즐거운 시간을 보내는 것에 초점이 맞춰져 있다. 아이를 행복하게 만들어주고, 그런 아이를 보며 행복해하는 엄마 아빠들이 있으니 노르웨이 명절은 즐거울 수밖에 없다.

노르웨이 국왕만큼 유명한
라면왕 이철호
31

　노르웨이 유치원은 다양한 국적의 아이들이 함께 지내기 때문에 친구들의 나라에 대해 알 수 있도록 '인터내셔널데이' 행사를 하는 곳이 많다. 딸아이 유치원에서는 매년 두세 나라를 선정하는데, 작년에 한국을 소개하는 날이 있었다. 선생님의 부탁으로 한국과 관련해 노르웨이 아이들도 알 법한 것을 떠올리니 '미스터 리(Mr. Lee) 라면'이 생각났다. 마트에 가면 어디서나 볼 수 있는 '미스터 리 라면'은 남녀노소가 모두 알고 있는 노르웨이의 국민 식품이다. 선생님이 발표하던 날 미스터 리 라면 사진이 화면에 뜨자 아이들은 "저거, 저거" 하면서 알은척하기도 했고, 한 선생님은 아침으로 미스터 리 라면을 자주 먹는다며 웃어 보였다.
　미스터 리 라면은 한국인 이철호 씨가 만든 것이다. 그는 한국전쟁으로 고아가 되어 미군의 하우스보이(미군의 잔심부름을 하는 아이)로 지내다 폭격을 맞아 다리 부상을 입었다. 야전 병원을 전전하며 치료를 받던 중 노르웨이 병원 측의 초청을 받아 이곳으로 왔다. 수십 차례의 수술을 받고 부상에서 회복한 후 그는 노르웨이에 남기로 결심하고 제2의 인생을 시작했다. 그러나 1950년대는 제2차 세계대전이 끝난 지 얼마 되지 않은 때였고, 노르웨이는 스칸디나비아에서 가장 가난한 나라에 속했다. 굶주린 배를 채우기 위해 호텔 주방 청소 일을 시작한 그는 그곳에서 요리를 배울 기회를 얻었다. 이후 최고급 호텔 주방장을 거쳐 대형 빵 공장의 총지배인으로 지내다가 52세의 늦은 나이에 라면 사업을 시작했다. 지금은 노르웨이 라면 시장 점유율 95퍼센트 이상을 차지하는 유명 브랜드이지만, 처음에는 라면이라는 생소한 음식을 홍보하는 일이 쉽지 않았다. 한국 라면 특유의 맵고 얼큰한 맛 대신 노르웨이 사람들 입맛에 맞는 제품을 만들기 위해 한국 라면 공장 연구소도 수없이 찾아다녔다고 한다.

미스터 리 라면은 한국 공장에서 생산해 노르웨이로 공급하는데, 포장지에 '소고기맛', '매운소고기맛', '닭고기맛'이라는 단어가 한국어로 적혀 있다. 그는 미스터 리 라면이 노르웨이 식문화의 일부로 꾸준히 자리매김하도록 번창하던 자신의 회사를 노르웨이 최대 식품 회사에 넘겼다. 단, 자신이 해오던 생산 방식과 한국어 표기를 계속 요구했는데, 노르웨이에 한국을 알리기 위해서였다. 그는 노르웨이에 첫 번째로 건너간 한국인이며, 노르웨이에서 가장 유명한 한국인이기도 하다.

노르웨이에 살면 입양 한인들을 어렵지 않게 만날 수 있다. 놀랍게도 미국 다음으로 한국 아이를 많이 입양한 곳이 바로 북유럽이며, 노르웨이는 스웨덴과 덴마크 다음으로 한국 아이를 많이 입양한 나라다.

노르웨이 사람들이 한국 아이를 입양한 것은 한국전쟁 때 노르웨이가

UN군으로 참전한 것도 연관이 있다. 이철호 씨처럼 전쟁 중 고아가 되어 갈 곳을 잃은 아이들이나 전쟁 후 경제적으로 어려운 가정의 아이들이 노르웨이로 입양되었다.

  노르웨이-한국 입양아 단체에서 일하는 사람의 말에 따르면, 자녀가 없는 노르웨이 부부 중에는 인공 수정이나 시험관 시술 등을 하기보다 입양을 생각하는 경우가 많다고 한다. 이 세상에는 새로운 가정이 절실히 필요한 아이가 많으니 인위적으로 자녀를 갖기보다 그 아이들의 부모가 되어 주는 것이 더 나은 결정이라고 여기는 것이다. 입양을 선택하는 노르웨이 엄마들의 마음에 그런 선함이 있다는 것을 평범한 나로서는 그저 짐작만 할 수 있을 뿐이다.

노벨 평화상만
왜 노르웨이에서 시상할까?
32

    2014년 12월 10일, 노벨의 기일이며 오슬로 시청에서 노벨 평화상을 수여하는 날이다. 나는 우연히 이날 오슬로에 나갔는데, 평일임에도 사람이 많았다. 무대가 꾸려진 시청 옆 광장에서 사람들이 모여 행사를 하고 있었다. 나는 칼요한슨 거리를 걷다가 그랜드 호텔 앞에서 우연히 말랄라 유사프자이(Malala Yousafzai)를 보았다. 사람들은 그녀의 등장에 환호했고, 차에 올라타기 전까지 그녀는 기쁜 표정으로 손을 흔들었다.

    말랄라는 최연소 노벨 평화상을 수상한 인물로, 2014년 당시 17세라는 어린 나이였다. 말랄라는 이미 11세에 탈레반 점령지에서 살아가는 자신의 삶과 여학생들이 교육받을 수 있도록 도와달라는 취지의 글을 올리는 익명의 블로그를 운영했다. 2009년에는 영국 공영 방송 BBC의 블로그에 여학생의 등교를 금지하거나 여학교를 불태우며 여학생들에게 교육 기회를 박탈하는 탈레반의 만행을 고발하는 글을 올렸다. 탈레반의 위협을 받던 말랄라는 2012년 10월 하교 도중 머리와 얼굴, 목에 심각한 총상을 입었다. 15세 소녀에게 저지른 탈레반의 만행은 전 세계의 공분을 샀고, 다행히 소녀는 영국 의료 기관의 도움을 받아 기적적으로 살아났다.

너무 어린 나이에 평화상을 받는 것에 대한 논란이 있었지만, 노벨위원회는 "어린 나이인데도 수년간 소녀들의 권리를 위해 싸워온 말랄라는 어린이와 청소년도 자신의 상황을 개선하는 데 직접 이바지할 수 있음을 보여준 좋은 사례"라고 말했다. 그녀는 지금 아동 교육과 인권을 위해 노력하는 삶을 살고 있다.

나는 말랄라를 보고 집에 돌아와 그녀의 행적을 자세히 살펴보았다. 그녀는 여러 학교를 운영하면서 교육 운동가로 활동하는 아버지의 영향을 받으며 자랐다. 어린 소녀가 이렇게 용기 있는 행동을 할 수 있었던 것은 부모의 힘이 컸다는 생각이 들었다. 부모의 삶이, 부모의 생각이 아이에게 영향을 미치고 그것이 얼마나 위대한 일을 할 수 있는지 말랄라의 삶을 통해 생각해볼 수 있었다.

다이너마이트를 발명한 것으로 유명한 알프레드 노벨은 본래 스웨덴 사람이어서 물리학, 화학, 의학, 문학 및 경제 분야는 그가 태어난 스웨덴에서 시상한다. 그러나 평화상은 스웨덴이 아닌 노르웨이에서 시상한다. 노벨이 왜 평화상만 노르웨이에서 수여하라고 했는지 정확하게 밝혀진 바는 없지만, 노벨의 유언에 따라 평화상 수여자는 노르웨이 국회에서 선출한 사람들로 구성한 노르웨이 노벨위원회에서 선정한다.

덕분에 노르웨이 수도 오슬로를 '평화의 도시'라고도 부른다. 오슬로의 모던한 관광 명소 아케르브리게(Aker Brygge)에 들어서면 오른쪽에 노벨 평화센터가 있다. 그곳에는 지금까지 노벨 평화상을 수상한 사람들의 업적이 전시되어 있다. 김대중 전 대통령도 2010년 오슬로 시청에서 노벨 평화상을 수상했다. 센터에는 아이들을 위한 프로그램도 있는데 주제가 '문제에 대해서 말하기(SPEAK OUT MATTERS)'이다. 이 프로그램의 교육적 취지는 '평화로운 세상을 위해서는 우리 개개인이 세상에서 가치 있는 것이 무엇인지 생각해야 하고, 그것을 용기 내어 말할 수 있어야 한다'는 것이다.

우리는 아무리 많은 부와 권력이 있어도 양심적이고 선함을 추구하는 삶을 살지 못하면 결국은 세상 사람들의 질타를 면치 못한다는 것을 알고 있다. 아이의 성공이 부나 권력과 상응한다는 것에 동의할 수 없지만, 어쨌든 그런 성공을 하더라도 사람들의 진정한 박수를 받으려면 부모가 어릴 때부터 미덕을 가르치고, 또 그것을 행동으로 실천하는 삶을 살도록 용기를 심어주어야 한다는 생각이 든다. 세상을 평화롭게 만드는 것은 개개인이 가치로운 삶을 사는 것과도 무관하지 않기 때문이다.

"모든 아동은 언론의 자유가 있다."
"모든 아동은 교육의 권리가 있다."
"모든 아동은 쉬고 놀 권리가 있다."
"모든 아동은 해로운 노동으로부터 보호받을 권리가 있다."
– 노벨평화센터 말랄라 전시장에 쓰여 있는 UN 아동권리협약 중에서

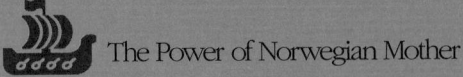
The Power of Norwegian Mother

4부
노르웨이식 사회 문화가 건강한 아이를 만든다

......
바깥 놀이가 아이들의 권리라고 생각하는 나라, 유치원이 아닌 초등학교에서도 바깥 놀이 활동이 시간표에 떡하니 자리 잡고 있는 나라, 충분히 놀 수 있도록 멍석을 깔아주는 나라, 놀 권리를 보장받는 노르웨이 아이들은 행복하다.

산후 우울증에 걸릴 틈이 없는 노르웨이 엄마들

33

나는 노르웨이에서 그냥 '엄마'다. 호기롭게 노르웨이행을 택했을 때 내가 '전업 맘' 생활을 잘 해낼 수 있을 줄 알았다. 하지만 외국에서 그것도 인종과 문화가 너무 다른 북유럽 노르웨이에서 아이를 키우는 것은 쉬운 일이 결코 아니었다.

첫째를 출산한 후 내게 닥친 가장 큰 어려움은 평일 낮에 이야기를 나눌 사람이 전혀 없었다는 것이다. 매일 남편의 퇴근만을 기다리는 생활 자체가 나의 자존감을 바닥치게 했다. 우울함이 지속되던 즈음 아이의 건강 검진 때문에 방문한 보건소에서 전담 간호사인 카리와 나의 심리 상태에 대해 다소 심각한 대화를 나누었다. 카리는 나에게 집에만 있지 말고 매일 밖으로 나가야 한다고 이야기했다. 내가 아이와 매일 산책한다고 하니까, 혼자가 아니라 같은 상황인 다른 엄마들을 만나는 것이 중요하다고 했다. 그리고 우리 동네 교회에서 하는 '베이비송' 프로그램 안내문을 챙겨주었다.

베이비송 프로그램은 종교와 상관없이 누구나 무료로 참가할 수 있는데, 등록이나 예약할 필요도 없다. 뒤집지도 못하는 생후 3~4개월 아이부터 돌 지난 아이까지 월령이 다양하다. 나는 일주일에 한 번 이 프로그램에 참여하면서 노르웨이 동요와 율동을 조금씩 배우게 되었다. 노르웨이 동요는 한국 동요에 비해 박자가 느리고 차분한 분위기의 노래가 많다. 특히 베이비송 프로그램에 참여하는 아이는 대부분 돌 이전 아이들이어서 조용한 노래를 많이 선곡해 부른다. 엄마들은 진행자의 안내에 따라 노래를 부르며 아이를 만져주고, 주물러주고, 안고 춤을 춘다. 가끔 노래 대신 베이비 마사지, 수면 교육 방법 등 다른 프로그램을 진행하기도 한다. 베이비송 프로그램은 내가 노르웨이에 와서 다른 엄마들과 이야기할 수 있는 첫 번째 모임이었고, 다행히 성공적이었다. 아이와 함께할 수 있는 스케줄이 생긴 게 무엇보다 기뻤다.

노르웨이에는 엄마들이 집에서 육아하는 동안 등록하거나 예약하지 않고 자유롭게 참여할 수 있는, 게다가 무료인 프로그램이 많다. '유모차 소풍(Trilletur)'은 노르웨이 육아 문화의 특징을 잘 보여주는 프로그램이다. 우리 지역의 유모차 소풍은 사계절 내내 매주 다른 곳에서 출발한다. 유모차를 끌고 함께 하이킹을 즐기며 사람들과 대화를 나누고 싶은 사람이면 누구나 참여할 수 있다. 북유럽 노르웨이답게 영하 10도 이하로 기온이 떨어지지 않으면 예외 없이 소풍을 떠난다. 하이킹 거리도 짧지 않다. 보통 5~7킬로미터 정도를 걷는다. 깨끗한 공기를 마시며 하늘과 숲길, 해안길, 돌길을 걷는 아이들과 엄마들은 스스로도 행복한 사람이라고 느끼며 하이킹을 즐긴다.

또 우리 지역의 자원봉사 센터에서 운영하는 카페에서는 일주일에 한 번 엄마들이 아이들과 함께 시간을 보낼 수 있도록 장난감을 펼쳐놓고 공간을 마련해주는 '패밀리카페 데이'를 진행한다. 덕분에 엄마들은 좀 더 편하게 커피와 차, 와플 등을 먹으면서 다른 부모들과 시간을 보낼 수 있다.

마지막으로 노르웨이 지역 도서관은 '정숙'을 강요하지 않는 자유로운 놀이방이다. 어린이 책 코너에는 어린이들을 위한 책만 있는 것이 아니다. 유아용 책상에는 종이와 색연필이 놓여 있어 그림을 그릴 수 있고, 주변에는 아이들이 좋아할 만한 인형이나 레고, 기차, 퍼즐 같은 장난감도 있다. 그래서 엄마와 함께 도서관을 찾는 아이들은 간단한 도시락을 먹으면서 책도 보고 장난감도 가지고 놀 수 있다. 평일에는 주변 유치원에서 도서관으로 자주 소풍을 오기 때문에 시끌벅적한 경우도 많다.

친구 한 명 없는 이곳에서 아이를 낳아 외롭게 육아를 시작했지만, 나의 산후 우울증은 잠깐 앓은 독감처럼 스쳐 지나갈 수 있었다. 지역 기관이나 단체에서 아이를 키우는 엄마들이 머물 수 있고, 아이와 함께할 수 있는 여러 활동을 마련해준 덕분이다.

물가는 비싸지만
기저귀값만큼은 세계 최저
34

노르웨이 기저귀값에 대해 이야기하기 전에 먼저 물가를 언급해야 할 것 같다. 빅맥 지수(Bic Mac Index: 각 나라의 구매력 평가를 비교하는 경제 지표)를 통해 살펴보면 노르웨이 물가는 세계 최상위 그룹에 속한다.

유가 하락으로 많이 떨어지기는 했지만 내가 노르웨이에 처음 왔을 때는 환율이 200원대여서 마트에서 콘 아이스크림 하나를 사 먹으려면 한국 돈으로 5000원 이상을 줘야 했다. 변동하는 환율은 차치하고 아무리 생각해보아도 노르웨이는 물가가 비싸다. 한국은 부가가치세가 10퍼센트에 불과하지만, 노르웨이는 모든 공산품에 25퍼센트의 부가가치세가 붙기 때문에 물가가 높을 수밖에 없다. 예를 들어 아이 옷을 200크로네(한화 3만 원) 주고 사면 이 중 50크로네(한화 7천5백 원)가 세금이다. 옆 나라 스웨덴도 25퍼센트의 부가가치세가 붙지만 오슬로 근교에 사는 노르웨이 사람들이 쇼핑을 하기 위해 스웨덴 국경 마트를 찾아가는 것을 보면 같은 세금이 붙어도 노르웨이 물가가 상대적으로 높다는 걸 알 수 있다.

그러나 노르웨이는 인건비가 높은 나라다. 1시간만 일하면 빅맥을 3.5개 먹을 수 있다(참고로 일본은 2.5개, 한국은 1.3개를 먹을 수 있다). 이것은 세계에서 가장 많은 수치다. 여행객에게는 살벌한 물가지만 이곳에서 평범한 직장 생활을 하는 사람들에게 노르웨이 물가는 적당히 아껴서 살면 기본 의식주를 해결하는 데 지장이 없다. 그리고 식료품 같은 경우에는 소비 부담을 줄여놓았다. 식료품은 15퍼센트의 부가가치세만 붙기 때문에 공산품에 비해 저렴하고, 대부분 수입한 제품이지만 실제로 가격을 따져보면 한국의 식료품과 큰 차이가 없는 것이 많다.

더 놀라운 사실은 노르웨이의 기저귀값이 세계에서 가장 싸다는 것이다. 다른 나라와 비교해보면 독보적 수준으로 저렴하다. 유럽 다른 나라를 여행할 때마다 기저귀값을 확인하곤 했는데 매번 노르웨이보다 비쌌다. 스웨덴 국경 마트조차 노르웨이보다 가격이 비싸서 의아했다. 실제로 2014년에는 리투아니아 사람이 트럭 한 가득 기저귀를 사가지고 가다가 세관에 적발되는 일까지 있었다.

처음에는 '정부에서 기저귀값을 지원해주는 건가?' 하는 생각이 들었는데, 이는 정부의 규제가 아니라 기업들의 경쟁 때문이라는 걸 알았다. 노르웨이에는 '키위'라는 이름의 마트 체인이 있는데, 그곳에서 2000년부터 고객을 모으기 위한 미끼 상품으로 기저귀를 내놓았다. 많은 부모가 기저귀를 사러 마트에 오면서 다른 식료품을 함께 구매한다는 점을 활용해 기저귀값을 내린 것이다. 그런데 여기에 다른 마트들이 뛰어들면서 노르웨이에서 기저귀는 항상 세일하거나 저렴하게 살 수 있는 품목으로 자리매김

했다. 지금은 유명 브랜드 기저귀 외에도 마트마다 PB 상품으로 저렴하고 질 좋은 기저귀를 만들어내고 있다.

아이를 키우는 엄마들에게 일회용 기저귀는 필수 소비 품목이다. 기업이 고품질의 기저귀를 서로 높은 가격에 팔기 위해 경쟁하는 것이 아니라, 좋은 기저귀를 경쟁적으로 할인한다는 것은 엄마 입장에서 너무나도 환영하는 바이다.

모든 아이는 충분히
자유롭게 놀 권리가 있다
35

　노르웨이에서 가장 행복한 사람이 누구냐고 물으면 나는 바로 아이들이라고 대답한다. 노르웨이 아이들은 놀 권리를 충분히 보장받는다. 특히 아이들의 바깥 놀이 활동을 매우 중요하게 생각한다.

　엄마들이 유치원을 선택할 때 가장 유심히 살펴보는 것 또한 야외 놀이터와 주변 환경이다. 유치원 교육 과정에도 "야외 놀이와 야외 활동은 아이들이 필수적으로 누려야 할 것"이라고 명시되어 있다. 그래서 유치원에는 야외 놀이터가 반드시 있어야 하는데, 원아 수가 많으면 놀이터 규모도 그에 비례해 넓어야 한다. 엄마들은 유치원 신청을 하기 전 야외 놀이터에 어떤 놀이 기구가 있는지, 흙과 바위 그리고 나무가 있는지, 얼마나 자연 친화적인지를 먼저 확인한다. 아이들이 그곳에서 가장 많은 시간을 보내고 즐겁게 놀기 때문이다. 유치원은 일주일에 한 번 소풍을 가도록 정해져 있다. 보통 아이들이 다 함께 걸어서 갈 만한 곳으로 정하기 때문에 주변 환경을 살펴보는 것도 중요하다. 아이들이 걸어갈 만한 숲이나 바다, 공원, 도서관 등이 있으면 그야말로 최고다.

내가 첫째와 둘째를 데리고 다니던 열린 유치원은 규모가 큰 공립 유치원 안에 있어서 그 유치원에 다니는 아이들이 바깥 놀이 하는 것을 가까이에서 자주 보았다. 움직임이 좀 더 자유로운 만 3세 이상 아이들은 놀이 기구를 가지고 놀고, 나무도 올라타고, 바위도 뛰어넘으면서 재미있게 논다. 눈이 오면 유치원 언덕에서 썰매를 탄다. 유치원 안에서 눈썰매 타는 광경을 보고만 있어도 행복해지는 것 같았다.

노르웨이 유치원은 바깥 놀이를 할 수 있는 환경이 잘 갖춰져 있어 다르긴 한데, 큰 공립일수록 자주 바깥 활동을 한다. 딸아이가 다니는 유치원은 매일 오후에 2시간 정도 바깥 활동을 하는데, 겨울에는 기온에 따라 시간을 유동적으로 조정한다. 날씨가 좋은 여름에는 하루 종일 밖에서 놀고, 점심도 밖에서 먹는다. 선생님들은 위험한 상황만 아니면 아이들이 스스로 놀잇감을 찾아서 놀 수 있도록 지켜만 보고 간섭하지 않는다.

가끔 노르웨이에 사는 한국 엄마들은 유치원에서 아무것도 가르치는 게 없다는 말을 하기도 한다. 하루 종일 밖에서 놀기만 한다는 것이다. 반면 노르웨이 엄마들은 아이들이 밖에서 노는 것을 당연하다고 생각한다. 유치원 선생님도 아이들은 밖에서 놀아야 한다며, 몸을 많이 움직일수록 성격이 밝아지고 두뇌도 발달하니 바깥 놀이가 유아에게는 가장 좋은 교육 방법이라고 강조한다. 스스로 놀잇감을 찾고 서로 규칙을 정하면서 창의성과 사회성이 동시에 발달할 수 있다며, 때로는 하늘과 땅을 보며 아무것도 하지 않는 것 또한 필요하다고 이야기한다. 계속해서 그런 이야기를 듣다 보니 한국 엄마 특유의 조바심을 내려놓을 수 있었다. 나는 개인적으로 아이들은 그냥 놀았으면 좋겠다는 생각을 많이 해서 그런지 노르웨이 유치원 시스템에 큰 불만은 없다. 아니, 더 좋다는 입장이다.

노르웨이 아이들의 바깥 놀이 시간은 유치원 과정에서 끝나는 것이 아니다. 초등학교에도 하루에 1시간씩 밖에서 노는 시간이 있다. 아울러 시간표에는 짧은 휴식(lillefri)과 긴 휴식(storefri)이 나뉘어 있는데 짧은 휴식은 수업과 수업 사이에 10~15분 쉬는 것이고, 긴 휴식은 점심시간 후 30분 쉬는 것을 말한다. 30분이기는 하지만 한 타임의 수업이 30분이기 때문에 긴 휴식은 수업 한 타임만큼을 노는 셈이다.

이때 아이들은 점심 도시락을 먹고 바깥 놀이를 하기 위해 모두 교실 밖으로 나가야 한다. 교실에 남아 있으면 안 된다. 아이들이 모두 나가면 선생님은 교실 문을 아예 잠가버리기도 한다. 계절이나 날씨에 상관없이 밖에서 놀아야 한다.

학교에 따라서는 바깥 놀이 시간에 축구나 단체 줄넘기, 춤추기 등의 활동을 만들어서 학생들이 자유롭게 참여할 수 있도록 한다. 하지만 대부분의 학교는 안전 지도를 하는 교사만 두고 아이들이 자유롭게 알아서 놀 수 있도록 유도한다. 아이들이 넓은 공간에서 자유롭게 뛰어놀게 하는 것, 친구들과 함께 놀 수 있는 시간을 충분히 주는 것, 그래서 놀이의 즐거움을 느끼고 친구와 공유할 수 있도록 하는 것, 동시에 긴장감이나 감정적·신체적 스트레스를 풀고 건강한 몸을 만들 수 있도록 하는 것. 이 모든 것이 바깥 놀이의 교육적 효과다.

바깥 놀이가 아이들의 권리라고 생각하는 나라, 유치원이 아닌 초등학교에서도 바깥 놀이 활동이 시간표에 떡하니 자리 잡고 있는 나라, 충분히 놀 수 있도록 멍석을 깔아주는 나라, 놀 권리를 보장받는 노르웨이 아이들은 행복하다.

노르웨이 아이들에게
자연은 가장 좋은 인생 교과서
36

노르웨이로 오기 전, 이곳에 와봤거나 살아본 적 있는 남편의 지인들은 한국 사람들이 살기에 그리 녹록지 않을 것이라고 이야기했다. 한국은 즐길 거리도 많고 외식이나 배달 문화가 보편화되어 있지만, 노르웨이는 날씨도 좋지 않을뿐더러 외식도 힘들고 즐길 거리가 없어 너무 심심하다는 것이었다. 실제로 노르웨이에 와서 한동안 어떻게 여가 시간을 보내야 할지 몰랐다. 하지만 시간이 지나면서 지인들의 도움으로 노르웨이 생활을 즐기는 방법을 조금씩 깨우쳤다. 봄가을에는 숲과 호수 주변으로 하이킹을 가고, 여름이면 수영장 대신 호수와 해변에서 수영을 하고, 겨울이면 하이킹을 했던 코스에서 아이들과 함께 크로스컨트리 스키나 썰매를 타며 지냈다.

노르웨이 가족들은 자연에서 시간 보내는 것을 참 좋아한다. 사실 노르웨이는 국토의 대부분이 숲이다. 그 숲속에서 노르웨이 선조들은 수렵과

채취를 하며 살았다. 취미가 아니고서야 이제는 사냥하는 일이 드물지만 아빠가 아들에게 칼을 선물하는 전통은 아직도 남아 있다. 아들이 초등학교 1학년 즈음 되면 아빠는 칼을 선물한다. 그리고 아들과 함께 산으로 소풍 가서 칼 쓰는 법을 연습한다. 나뭇가지를 꺾어 뾰족하게 다듬은 다음 소시지를 꿰어 모닥불에 구워 먹는다. 나뭇가지를 이리저리 깎아 활을 비롯해 여러 가지 모형을 만들기도 한다. 유치원이나 학교에서 아이들에게 칼을 주고 과일을 직접 깎게 하는 것도 이와 같은 맥락이다.

아이에게 칼을 선물하고, 손에 쥐어준다고? 얼핏 들으면 놀라겠지만 사실 우리는 누구나 한 번쯤 어릴 때 만들기를 하다가 손이 베는 경험을 해보았다. 이는 연습 과정에서 어쩔 수 없이 거치는 일이다. 다만 노르웨이 아이들은 그것을 좀 더 일찍, 자연 또는 실생활에서 배울 뿐이다.

그리고 이런 부분은 학교 교육에도 잘 반영되어 있다. 유치원은 대부분 자연 그대로의 나무와 땅을 갖춘 채 짓는다. 놀이터 바닥은 울퉁불퉁하지만 흙과 바위와 잡초들이 자연 그대로의 모습을 하고 있다. 유치원 교사가 되려면 노르웨이 숲에서 자라는 나무와 풀, 곤충 등에 대해 알아야 한다. 일주일에 한 번 소풍을 나갈 때 아이들에게 설명해줄 수 있어야 하기 때문이다. 나중에 아이들이 커서 초등학교에 가면 자연 관찰 과목이 있는데, 그때는 동네에서 흔히 볼 수 있는 나무와 풀들을 직접 보면서 이름과 특징을 공부한다. 이론이 아니라 실제로 눈에 보이는 것을 가르친다. 책상에 앉아서 글로만 배우는 것은 진정한 배움이 아니다.

노르웨이 초등학교에 다니는 남자아이를 둔 한 언니는 노르웨이 초등학교를 경험해보니 역시 '자연'을 즐기는 것이 한국과 가장 큰 차이점이라고 이야기한다. 봄이 되면 다 함께 숲에 가서 불을 지피고 소시지를 구워 먹는데, 그때 주변 나뭇가지를 꺾어 꼬치로 활용한다. 여름이 되면 학교 근처 바닷가에서 배를 타고 근처 섬까지 간다. 미리 안전 수칙을 배우고, 구명조끼를 갖춰 입고 방수 가방에 도시락을 준비해서 출발한다. 겨울이 되면 얼어붙은 피오르를 걷고, 스케이트나 스키를 탄다.

초등학교 6학년이 되면 학교에서 오버나이트 투어를 다녀오는데, 목적지까지 가는 방법 자체가 다르다. 아날로그를 지향하는 이 여행은 아이들과 선생님이 모두 자전거를 타고 간다. 1시간 정도 달려 도착한 숲속에서 아이들은 텐트에 불을 켜놓고, 준비해 간 침낭 속에서 잠을 잔다. 마땅히 씻을 공간도 없다. 아이들은 자연 속에서 함께 문제를 해결하고, 살아남는 법을 배운다. 그리고 자연과 어우러져 노는 법을 터득한다. 안전 수칙을 지키는 것 외에는 엄한 규율도, 서두르는 일도 없다. 휴대폰도, 외부의 연락도 차단된 곳에서 아이들이 보내는 시간은 스스로 유익하다고 느낄 만큼 자유롭다.

노르웨이가 살기 좋은 이유가 무엇이냐고 물으면 나는 자연 속에서 아이를 키울 수 있다는 것을 첫째로 꼽고 싶다. 주말에 즐길 수 있는 놀이 공간이 자연이라는 게 좋다. 이곳의 젊은 부부들이 도시 밖으로 이사하는 이유도 아이가 유치원이나 학교에서 자연을 좀 더 경험하기를 바라기 때문이다. 자연 속에서 즐기며 실생활에 필요한 것을 배우는 기회가 많다 보니 노르웨이 아이들은 예민하지 않고 복잡하게 생각하지 않는다.

노르웨이에서 숙제 철폐 운동을 하는 이유
37

　노르웨이에는 숙제 없는 학교, 숙제 없는 가족이 있다. 진보 성향의 정당이 학교에서 내주는 숙제를 없애야 한다는 주장을 널리 알리기 위해 시위와 동맹 휴업을 하고 서명을 받은 적도 있다. 노르웨이에서는 왜 '숙제'가 사회 이슈로 대두했을까?

　노르웨이 북쪽 로포텐에 있는 디게르물렌(Digermulen) 학교는 2000년부터 점진적으로 숙제를 줄이기 시작했다. 이 학교의 교장 선생님은 노르웨이 국영 방송사와의 인터뷰에서 "어른의 법정 근로 시간이 점차 줄어드는 동안 학생들의 학업 시간은 점진적으로 늘어났는데, 이는 공평하지 않다"고 이야기했다. 사실 이 학교에도 숙제가 있다. 그러나 학생들은 숙제를 집에서 하는 것이 아니라 학교에서 해결한다. 숙제는 정해진 일과 시간을 연장하지 않고도 가능했으며, 숙제를 하다가 도움이 필요한 경우에는 선생님의 지도를 받을 수 있었다. 그 결과 학생들은 노르웨이에서 치르는 자체 테스트와 북유럽 국가를 대상으로 치르는 국제적 테스트에서도 우수한 학업 성적을 나타냈다.

노르웨이의 일부 가족은 학교에서 숙제를 내주더라도 집에서 숙제를 거부하는 운동에 참여하고 있다. 숙제없는가족 홈페이지와 학부모위원회의 대표를 맡고 있는 엘리자베스의 인터뷰 내용을 보면 숙제는 학교와 가정의 경계를 희미하게 만드는 것으로, 아이들의 여가 시간과 가족이 함께할 시간을 빼앗는다고 주장한다. 그리고 숙제는 모든 아이에게 똑같이 주어지는 것이므로 그 숙제가 필요한 일부 아이에게만 유용하며, 숙제를 제대로 하지 못할 때의 좌절감은 아이의 심리에 부정적 영향을 미칠 수 있다고 한다. 또 숙제를 거부하는 중요한 이유는 숙제가 학업 능력의 차이를 조장해 사회 불평등을 초래할 수 있다고 말한다. 예를 들어 부모가 자녀의 숙제를 정성스럽게 챙겨줄 수 있는 가정도 있고, 건강이나 교육 수준 등의 문제로 그러지 못하는 가정도 있다. 부모의 학습 도우미 역할이 질적으로 차이가 나면 자녀 사이의 학업 능력 차이는 점점 커질 것이고, 결국 어떤 부모 밑에서 자랐느냐에 따라 고등학교와 대학 진학에까지 영향을 받을 수 있다는 것이다. 이런 모든 숙제의 불합리성을 아이들에게 이야기하고, 또 행동으로 가르치기 위해 부모는 숙제 없는 가족이 되기로 결심하는 것이다.

그러나 노르웨이 교육부는 기본적으로 숙제가 필요하다는 입장을 고수하며 여러 번에 걸쳐 언론 인터뷰를 했고, 2016년에는 숙제의 유용성과 관련한 연구 결과까지 발표했다. 그리고 '숙제가 있어야 한다, 없어야 한다'를 논할 것이 아니라 교사들이 내주는 숙제의 질, 즉 내용과 방법에 대한 고민과 노력이 필요하다고 주장한다.

나는 한국의 엄마들에게 노르웨이의 숙제 철폐 운동을 어떻게 생각하는지 묻고 싶다. 어떤 부분을 동의하고 또 어떤 부분을 반대하는가? 노르웨이에서는 고등학생도 보통 2시 전후면 정규 수업이 끝난다. 아무리 늦어도 오후 4시 정도면 끝난다. 나는 인문계 고등학교에서 교사로 근무할 때 되도록 숙제를 내지 않으려고 노력했다. 아니, 숙제를 내는 것이 학생들에게 참 미안했다. 한국의 인문계 고등학생은 저녁 9시에 자율 학습이 끝나면 또 입시 학원으로 간다. 아침 8시에 등교해서 밤 9시까지 최소한 13시간을 보낸 학교의 정문을 나오는 순간, 또다시 공부하러 가는 것이다. 고등학생뿐 아니라 초등학생의 생활도 마찬가지다. 맞벌이하는 엄마 아빠가 퇴근할 때까지 두세 곳의 학원을 전전한 후 해가 져서야 집에 돌아온다.

물론 한국은 사교육에 의존할 수밖에 없는 사회 구조 또는 분위기가 명백하게 존재한다. 그러나 좋은 부모가 되기 위해 생각해보아야 할 것은, 이런 일상을 보내야 하는 아이들의 마음을 부모가 얼마나 이해하고 보살피는가 하는 것이다. '어른도 직장에서 퇴근하고 집에 오면 쉬고 싶은데, 우리 아이도 학교를 파하고 집에 오면 쉬고 싶지 않을까?' '어른도 저녁을 먹고 다시 야근하러 직장에 가기 싫은데, 학교가 끝난 다음 또다시 학원에 가야 하는 일상이 힘들지 않을까?' '오늘은 분위기 좋은 카페에 가서 마음껏 여유를 부리고 싶은데, 우리 아이도 학원에 가지 않고 좋아하는 게임을 하며 놀고 싶다는 생각을 하지 않을까?' 아이를 기를 때는 입장을 바꿔 생각해보아야 할 때가 많다. 오늘은 아이의 고단한 일상을 진심으로 위로해주는 엄마가 되어보는 건 어떨까. 미래를 위해 너무 과도하게 현재의 행복을 담보할 수는 없는 것이 아닌가.

'두그나드'로
협동과 봉사 정신을 가르친다
38

노르웨이에는 '두그나드(Dugnad)'라는 말이 있다. 한국어로 굳이 번역하자면 '단체 자원봉사 활동' 정도 될 것 같다. 하지만 여기에는 노르웨이 사람이 지닌 특유의 정서와 문화가 담겨 있다. 두그나드는 일반적으로 육체노동을 함께 하는 것을 의미하며, 책임감을 지닌 개개인이 모여서 공동체의 일을 해내는 것에 의의를 둔다. 노르웨이에서는 살고 있는 지역이나 단체를 통해 두그나드를 경험할 수 있다. 예를 들면 마을 또는 아파트 주변 대청소, 동네 놀이터 정비, 나무 깎기, 마을 행사 등 정기적으로 '두그나드의 날'을 공지해서 함께 공동체를 위해 일하는 것이다.

유치원에도 두그나드의 날(자원봉사의 날)이 있다. 유치원에서 두그나드를 하는 이유는 엄마 아빠가 직접 아이들이 생활하는 공간과 야외 놀이터를 정리하고 정비하기 위해서다. 보통 1년에 한두 번 주말에 날짜를 정한다. 유치원마다 운영 방식이 조금씩 다르긴 하지만 필자의 첫아이가 다니는 유치원의 두그나드는 부모와 아이들이 모두 모여서 다 함께 일하고 즐기는 축제 같은 분위기다. 두그나드 날이 다가오면 유치원에서 안내 메일이 온다. 어른과 아이 각각 몇 명이 참석할 예정인지 조사하고, 두그나드에 필요한 준비물을 공지한다. 준비물 중에서 어떤 것을 고를지는 자유롭게 선택한다. 빵이나 케이크를 구워 올 사람, 삽이나 괭이 같은 도구를 준비해 올 사람 등 각자 할 수 있는 것을 선택해 유치원에 알려준다.

두그나드는 오전에 시작해서 함께 점심을 먹고 오후에 끝난다. 엄마가 온 집도 있고, 아빠가 온 집도 있다. 부모와 형제자매가 모두 참석한 집도 있다. 실내 공간을 맡은 부모는 묵은 먼지도 털어내고, 장난감도 새롭게 배치한다. 바깥 놀이터를 맡은 부모는 낙엽을 쓸고 잡초를 뽑거나 놀이 기구를 정비한다. 부모와 함께 온 아이들도 봉사 활동에 참여한다. 작년에는 아이들이 직접 색색의 페인트를 사용해서 유치원 벽면에 멋진 그림을 그렸다. 꼭 해야 하는 일이 아니라 참여하고 싶은 아이만 그저 놀이처럼 하면 되는 것이다.

또 이날 특별한 미션이 있었는데, 유치원 야외에 부엌놀이를 할 수 있는 키친을 만드는 것이었다. 이 작업을 맡은 아빠들은 직접 나무를 잘라 개수대가 두 개 있는 멋진 키친을 만들어냈다. 노르웨이는 인건비가 워낙 비싼 나라이기 때문에 따로 기술자를 부르지 않고 대부분 집 리모델링을 스스로 한다. 싱크대, 화장실 타일 교체, 잔디 깎기, 나무 자르기, 집 안팎 페인트칠까지 뚝딱 해낸다. 그러니 아이들이 사용할 작은 부엌 정도는 몇 시간만에 금세 만들 수 있다.

일반적으로 두그나드의 보상은 맛있는 음식이다. 이날 유치원에서는 점심으로 햄버거를 준비했다. 유치원 놀이터에 있는 단체 테이블에 마트에서 사 온 햄버거 빵과 소스를 세팅해놓고 옆에서는 그릴에 햄버거 패티를 구웠다. 햄버거는 각자가 알아서 만들어 먹었다. 한국에서 어떤 행사가 있을 때 나오는 것과 비교하면 정말 간편한 식사다. 후식은 각자 준비해 온 케이크와 빵을 나누어 먹었다. 평소에는 잠시 스치듯 만난 학부모들과 점심을 먹으며 여유 있는 담소를 나누었다. 부모와 함께 주말에 유치원을 찾은 아이들은 색다른 기분을 느끼며 다른 형제자매들과 어울려 놀았다.

　노르웨이 부모 중엔 유치원에서 두그나드를 왜 하는지, 꼭 부모가 참여해야 하는지 의문을 갖는 경우도 있다. 하지만 대부분의 부모는 두그나드에 어떤 문화적 의미가 있는지 잘 알고 있으며, 유치원에서 마련한 두그나드의 날에 기꺼이 참여한다. 한국 엄마의 눈에도 아이들이 부모 손길이 닿은 곳을 기억하며 생활할 것을 상상하면 유치원의 두그나드는 그 자체로 흐뭇하고 보람된 날이다.

노르웨이 아이들은 자유형이 아니라 생존 수영을 배운다

노르웨이 사람들은 여름에 바닷가에서 수영하는 것을 즐긴다. 할아버지, 할머니뿐 아니라 돌 전 아이도 해변에서 수영을 한다. 수온이 17도 정도만 되어도 차갑다는 말 안 하고 바다에 뛰어드는데, 북유럽 사람들은 확실히 추위를 견디는 정도가 다른가 싶다.

기억을 되살려보면 첫아이가 11개월쯤, 그해 여름 노르웨이치고는 너무 따뜻했다. 그래서 남편이 퇴근하면 매일같이 해변으로 놀러 나가곤 했는데, 한 번은 내가 해수욕을 하고 돌아오자 노르웨이 친구가 딸은 왜 해수욕을 같이 하지 않느냐고 물어보았다. 아직 돌 전이라서 해수욕을 시키기 이른 것 같다는 나의 대답에 "돌 전이면 왜 안 되는 거야?"라고 되물었다. 노르웨이 엄마들은 돌 전 아이도 해변에 데려와 놀리고, 해수욕도 같이한다.

오슬로 피오르 쪽 바다는 육지 쪽으로 많이 들어와 있기 때문에 요트가 지나갈 때가 아니면 거의 파도가 없고 잔잔하다. 그래서 여름이 되면 지자체에서는 아이들이 많이 찾는 해변에 놀이 기구를 설치한다. 아이들은 바다 중간에 설치된 놀이 기구에서 미끄럼을 타며 논다.

노르웨이에서 수영을 즐기는 아이들에게 또 하나의 즐거움이 있다면 바로 다이빙이다. 한국에서는 수영장에 다이빙대가 있어도 안전사고를 우려해 다이빙을 금지하는데, 노르웨이 수영장이나 해변에서는 아이들이 줄을 서서 다이빙을 하며 논다. 유아 수영 강습에서도 아이 혼자 물에 뛰어들면 부모가 받아주는 연습을 많이 하는데, 물에 대한 적응력을 높이고 무서움을 줄이는 데 많은 도움이 된다고 한다. 정식으로 다이빙을 배우는 아이들도 있지만, 대부분은 어릴 때부터 놀이로서 다이빙을 즐긴다. 아이들은 높은 곳에서 뛰어내리는 것 자체를 즐거워한다. 다이빙대에서 자주 뛰다 보면 1미터, 3미터, 5미터, 10미터도 막 올라간다.

노르웨이에서 수영을 잘한다는 것은 자유형부터 접영까지 배워서 멋진 자세로 영법을 구사한다는 걸 의미하지 않는다. 바다에서 안전하게 또 즐겁게 놀 수 있다면 그것만으로 충분히 수영을 잘하는 것이다. 그래서 영유아 시기의 수영 강습은 영법을 가르치기보다 물에 대한 적응 훈련을 주목적으로 한다.

첫째 아이는 만 세 살이 되었을 때부터 수영 강습을 시작했다. 첫 사교육인 셈인데 일주일에 한 번 유치원이 끝나면 수영장에 가서 30분 정도 강습을 받고 있다. 아이들은 아직 스스로 물에 뜰 수 없기 때문에 엄마나 아빠가 함께 수업에 참여해야 한다. 보통 수영장에서 아이들이 놀 때는 안전을 위해 암링(팔 튜브) 같은 보조 기구를 필수적으로 착용하는데, 수영 강습 중에는 이걸 사용하지 않는다. 30분 동안 머리를 물에 담그고, 발차기를 하고, 엎드려보고 누워보고 점프하면서 물과 익숙해지는 연습을 다양하게 한다. 노래를 부르면서 율동을 하거나, 장난감을 갖고 놀이 활동도 한다.

노르웨이수영연맹에서도 만 4~5세, 즉 학교에 입학하기 전 수영 강습에 참여하는 것을 권장한다. 그래서 많은 부모가 유아 수영 강습을 첫 번째 사교육으로 선택한다. 유아 수영 강습은 지자체 수영 클럽을 중심으로 많이 개설되어 있다. 주로 연령별로 나뉘어 있는데 만 1세 이전 유아는 좀 더 세분화해서 가르친다. 최소 연령이 만 2~5개월이다. 너무 어리다는 생각이 들 수도 있지만, 유아 수영의 첫 번째 목표는 물을 무서워하지 않고 편안함을 느끼는 것이기에 만 2개월인 아이도 충분히 할 수 있다. 그리고 이 시기에 수영 강습을 하는 데는 부모와의 충분한 스킨십도 큰 이유 중 하나다.

초등학교와 중학교에도 수영 수업이 있다. 초등학교에서는 물에 빠졌을 때 스스로 생존하는 데 초점을 맞춰 물에 뜬 상태에서 정해진 목적지까지 가는 연습을 한다. 그리고 중학교에서는 선택 교과로 수영 수업이 있는데, 목적지까지 가는 것을 넘어 인명 구조법까지 배운다. 또 물에 빠졌을 때를 대비해 옷 입은 채 수영하기, 바지로 구명조끼 만들기 등의 실습도 한다.

노르웨이 엄마들은 아이에게 수영을 가르치는 것을 부모가 해야 할 책임 중 하나라고 생각한다. 지자체에 따라 다르지만 2017년부터 내가 살고 있는 지역에서는 초등학교 2학년 학생을 대상으로 지역 수영장에 무료로 입장할 수 있도록 했다. 수영의 중요성을 강조하기 위함이다.

노르웨이 아이들은 국경일 행사에서 애국심을 배운다

40

노르웨이에도 5월이면 눈이 녹고 봄이 찾아온다. 5월 17일(Syttende Mai)은 '노르웨이 내셔널 데이(Norwegian National Day)'로 노르웨이에서 가장 중요한 국경일이다. 1814년 최초로 헌법이 제정된 것을 기념하는 날인데 한국의 제헌절과 유사하다. 이날은 국가 전체가 축제 분위기다. 어린이가 주인공이기 때문에 노르웨이의 '어린이날'이라고 부르기도 한다.

본래 노르웨이 아이들은 일주일에 한 번 토요일에 '고테리(Godteri)'를 선물로 받는다. 고테리는 젤리나 사탕 등이 들어 있는 과자 봉지를 말하는데, 주중에 과자를 먹지 못하는 대신 매주 토요일과 제헌절에는 원하는 것을 마음껏 먹을 수 있다. 아이들에게 이보다 더 행복한 날이 있을까.

딸아이는 제헌절이 있는 5월 내내 유치원에서 노르웨이 국가와 관련한 여러 가지 활동을 했다. 노르웨이 국기 그리는 법을 배우고, 국기에 들어가는 흰색과 파란색과 빨간색의 종이로 꽃을 만들어 유치원 벽을 장식하고,

노르웨이 국가도 배웠다. 그리고 제헌절 전날에는 옷을 잘 차려입고 유치원에 가서 노르웨이 국기를 흔들며 춤을 추고 노래도 부르며 파티를 했다. 한동안 유치원에서 내셔널 데이와 관련한 활동을 하다 보니 아이는 집에서도 노르웨이 국기를 그리며 놀았다. 그리고 노르웨이어로 나에게 "엄마, 이건 노르웨이 국기야"라고 이야기했다. 한국 국기보다 노르웨이 국기를 먼저 그리다니… 뭔가 찡함이 느껴졌다.

학교에 다니는 아이들도 내셔널 데이 준비로 바쁘다. 이날은 공휴일이지만 모든 학생이 '바르네토그(Barnetog, 어린이 기차)'라고 하는 퍼레이드에 참석한다. 학교나 지역의 악단이 앞장서서 행진을 하면 각자 자신의 학교를 상징하는 깃발 뒤에 서서 모든 아이가 뒤따른다. 국기를 흔들며 악단의 연주에 맞춰 노래를 부른다. 행진이 끝나면 아이들은 부모가 기다리고 있는 학교나 지역 중심가에 모여서 축제를 함께 즐긴다. 학부모들이 준비한 케이크와 빵, 음료수 등을 파는 임시 매점이 생기고, 아이들은 여러 가지 게임을 하면서 시간을 보낸다.

이날 축제 분위기가 가장 열정적인 곳은 역시 수도인 오슬로다. 칼요한슨 거리부터 궁전 앞으로 이어지는 도심 중심가는 퍼레이드를 즐기러 나온 사람들로 붐벼 걷기가 힘들 정도다. 궁전 광장은 왕족을 보려는 사람들로 꽉 차는데, 왕족이 인사를 하러 나오면 손을 흔들며 환호를 보낸다. 특히 오슬로 중심가에는 아이부터 어른까지 노르웨이 전통 복장인 부나드(Bunad)를 차려입은 사람들이 많이 모여 있다. 한복보다는 소박한 느낌이 드는 옷이지만, 수작업으로 수를 하나하나 놓아 정성스럽게 만들기 때문에 가격이 굉장히 비싸다. 그래서 할머니와 할아버지가 손주에게 부나드를 선물하는 경우가 많다. 출신 지역마다 색깔과 디자인도 조금씩 다르다. 요즘은 전통 부나드 대신 노르웨이 국기 디자인을 변형한 옷들이 일반 브랜드에서도 나오기 때문에 다양한 복장을 볼 수 있다.

처음에 좀 낯설게 느낀 것 중 하나는 노르웨이 사람들이 평소에도 국기를 변형한 디자인의 운동복을 입거나, 모자를 쓰거나, 가방을 들고 다니는 것이었다. 그리고 집 앞에 노르웨이 국기 디자인의 삼각 깃발을 걸어두는 경우도 많다. 한국에서는 쉽게 볼 수 있는 모습이 아니어서 '노르웨이 사람들의 이런 애국심은 어디서 나오는 걸까?'라는 의문이 들 때가 많다.

노르웨이는 1905년에 독립을 선언하기 전까지 힘없고 가난한 나라였다. 1397부터 덴마크의 지배를 받았고, 1814년부터는 스웨덴의 지배를 받았다. 노르웨이가 독립할 당시 스웨덴은 자비를 베풀었다고 생각했겠지만, 이는 보물단지를 걷어찬 것이나 다름이 없었다. 1969년 북해에서 유전이 발견되었기 때문이다. 노르웨이가 잘사는 나라라고 하면 모두 석유가 나기 때문이라고 이야기하는 경우가 많다. 하지만 산유국은 노르웨이 말고도 많다. 석유나 가스를 생산하는 모든 나라가 노르웨이만큼 안정된 복지와 행복한 삶을 누리지는 않는다는 사실을 기억해야 한다.

노르웨이는 석유와 가스로 벌어들이는 수익의 절반 이상을 정부연금기금(GPFG)에 적립한다. 이 기금은 세계 최대의 국부 펀드이며, 인권을 무시하거나 환경을 파괴하는 기업에는 투자하지 않는다는 원칙이 있다. 또 노르웨이 정부조차도 이 기금을 마음대로 운용할 수 없도록 되어 있다. 석유 산업을 통해 벌어들이는 돈이 국가 재정에 도움이 되는 것은 사실이지만, 상당 부분은 국민이 내는 세금으로 충당한다는 점을 간과해서는 안 된다.

노르웨이 사람들은 높은 수준의 복지 혜택을 누리기 위해 많은 세금을 낸다. 평균적으로 자기 수입의 40퍼센트를 세금으로 내고, 25퍼센트의 높은 부가가치세를 부담한다. 아울러 산유국이지만 항상 세계에서 기름이 비싼 나라 3위 안에 이름을 올리고 있다. 결국 노르웨이 사람들은 자기 수입의 절반이 세금으로 나가는 것을 감수하면서 산다는 얘기다. 물론 그러한 세금이 다시 의료와 교육, 연금 제도 등으로 자신의 삶에 여러 혜택을 줄 것을 믿고 또 실제로 그러하므로 대다수가 높은 세금의 필요성에 동의하고 심지어 이를 '보물'이라고까지 여긴다.

여기서 중요한 것은 노르웨이 사람들은 나라에 대한 자부심만큼이나 겸손한 자세를 지니고 있다는 것이다. 노르웨이는 가난하고 힘없던 과거를 잊지 않으려 노력한다. 꾸준히 난민을 받아들이고 있으며 그들을 노르웨이 사회에 정착시키기 위해 세금을 아끼지 않는다. 또한 개인의 이익보다 공동체를 먼저 강조한다. 노르웨이가 단순히 그냥 부자 나라가 아니라, 본받을 만한 선진국이라고 불릴 만한 이유는 여기에 있다.

노르웨이 아이들은 매년 내셔널 데이 축제를 통해서, 그리고 자라는 동안 사회 시스템과 문화를 경험하면서 자연스럽게 애국심을 지니게 된다. "우리는 노르웨이를 사랑하죠. 노르웨이는 좋은 나라예요. 하지만 처음부터 좋은 나라는 아니었어요. 겸손한 자세를 지니고 계속 노력해야 해요." 노르웨이 고등학교에 다니는 학생이 직접 나에게 해준 말이다. 언젠가는 한국 아이들 입에서 듣고 싶은 말이기도 하다.

생일 파티에 친구를 초대할 때 지켜야 할 규칙

41

노르웨이에서는 언제 아이를 낳는 것이 좋을까? 만약 노르웨이 부부가 계획 임신을 한다면 늦봄에 아이가 태어날 확률이 높다. 노르웨이에서는 부부가 함께 쓸 수 있는 유급 휴가가 끝나면 대부분 곧바로 복직한다. 부부가 100퍼센트의 월급을 다 받는 49주의 휴직을 쓰고 여름휴가까지 보낸 후 복직하면서 아이를 유치원에 바로 보내려면 계획을 잘 세워야 한다. 유치원 새 학기가 8월에 시작하는데, 이때 아이를 유치원에 보내지 않으면 1년을 더 기다려야 하는 경우가 생긴다. 게다가 유치원은 매일같이 바깥 놀이 활동을 하는데, 그 일과를 따라가려면 최소한 8월 이전에 돌을 지나는 것이 좋다. 또 긴 여름 방학 기간에 생일이 겹치면 생일 파티를 제대로 하기 힘들기 때문에 가능하면 출산일이 6월을 넘기지 않는 게 좋다. 따라서 출산하기 가장 좋은 달은 5~6월 즈음이다. 실제로 딸아이가 다니는 유치원에는 5월와 6월에 태어난 아이가 많다.

노르웨이 유치원에서는 아이들 생일이 되면 작은 파티를 열어준다. 우리 아이는 만 두 살에 유치원에 다니기 시작했기 때문에 첫 생일은 열린 유치원에서 했다. 열린 유치원마다 다르지만 우리 아이가 다니던 곳은 선생님이 직접 이름을 적어 예쁘게 꾸민 종이 왕관을 만들어 씌워주었다. 그리고 특별한 생일 의자에 앉히고 축하 노래를 불렀다. 나중에 정식으로 유치원에 등록해서 다니기 시작한 후에는 생일 왕관을 씌우고 케이크와 아이스크림을 준비해 생일 파티를 해주었다. 따로 엄마가 준비할 것이 없냐고 했더니 굳이 그럴 필요 없다고 이야기했다.

우리는 간단히 넘어갔지만 노르웨이 엄마 중에는 유치원 때부터 친구들을 따로 초대해 생일 파티를 열어주는 경우도 많다. 집으로 초대하거나 저녁 시간 또는 주말에 유치원을 빌려서 파티를 열기도 한다. 초대받은 아이들은 예쁜 드레스나 만화 캐릭터 옷을 챙겨 입고 참석한다. 생일 파티 음식은 정말 간소하다. 소시지와 빵, 음료, 케이크가 전부다. 대신 엄마들은 아이들이 어떤 놀이를 하면서 시간을 보내면 좋을지 고민한다. 그래서 연령별로 어떤 게임을 하고 놀면 재미있는 정리해놓은 웹사이트도 있다.

초등학생이 되면 키즈 카페나 수영장, 볼링장 등을 빌려서 생일 파티를 하기도 한다. 수영장은 주로 봄이나 여름에 태어난 아이가 많이 선택하는 장소다. 우리 가족이 자주 가는 수영장에도 생일잔치 프로그램이 있는데 가격과 시간, 음식 제공 같은 정보가 홈페이지에 안내되어 있다. 비용은 수영장 이용료와 음식, 음료를 포함해 한 사람당 175크로네(한화 약 2만 6000원 정도)다. 노르웨이답게 농장 같은 곳에서 생일 파티를 열기도 하는데, 이 경우 동물도 볼 수 있고 마음껏 뛰어놀 수 있어서 좋다. 어떤 농장에서는 개썰매를 태워주는 이벤트도 한다.

생일을 맞이한 아이는 축하해준 친구들을 위해 답례품을 준비해서 집에 돌아갈 때 나누어준다. 답례품은 노르웨이어로 고테포세(godtepose)라고 하는데 사탕, 건포도 같은 간단한 간식이나 풍선, 비눗방울, 연필, 지우개 같은 장난감 또는 학용품이 들어 있다.

아이들의 생일 파티에서 가장 중요한 것은 누구를 초대하느냐는 것이다. 생일 파티에 친구들을 초대할 때는 '소외되는 아이가 있어서는 안 된다'는 원칙이 있다. 그래서 같은 반 아이를 모두 초대해야 한다. 단, 남자아이면 남자아이들만, 여자아이면 여자아이들만 초대할 수는 있다. 만약 옆 반에 특별히 친한 친구가 있어서 그 애를 부르고 싶다면 그 옆 반 아이들도 모두 초대해야 한다. 초대받는 친구가 사정상 참석하지 못할 수는 있지만 처음부터 초대하지 않는 것은 '차별'이라고 생각한다. 모두가 함께 생일 파티에 초대받아서 즐기기 때문에 아이들의 생일 파티는 언제나 즐겁다.

돈이 아니라 행동으로
기부하는 법을 가르친다
42

'노르웨이의 추운 겨울날, 버스 정류장에서 얇은 티셔츠만 입은 채 추위에 떨고 있는 소년이 있었다. 옆에서 버스를 기다리던 사람들은 소년이 왜 추위에 떨고 있는지, 도와줄 사람은 없는지 물어보았다. 그리고 선뜻 자신의 옷을 벗어주었다. 두꺼운 겨울 외투를 소년에게 벗어준 어른들은 얇은 옷만 걸치고 있었지만 얼굴엔 웃음꽃이 번졌다.'

이 영상은 국제 비정부 기구 'SOS 어린이 마을(SOS Children's Villages)'이 이틀 동안 몰래카메라 형식으로 촬영했다. 처음에 제작진은 3~4명 정도가 외투를 벗어줄 것이라고 예상했다. 하지만 정류장에서 만난 사람 대부분이 외투를 벗어주었다고 한다. 추운 겨울을 힘들게 견디고 있는 시리아 난민 아동을 돕기 위해 제작했는데, 한국에서도 소개한 적 있다. 전 세계에 노르웨이 사람들의 이타심을 알리는 계기가 되기도 했다.

노르웨이 부모는 어려운 상황에 처한 사람을 도와주어야 한다는 말을 아이들에게 자주 한다. 유치원이나 학교에서도 어려운 지역에 사는 아이들에 대한 영상을 보고, 노래도 배우며 기부 문화를 이해하고 실천하도록 가르친다. 하지만 보고 듣는 것으로 그치는 것이 아니다. 노르웨이 아이들은 직접 기부금을 모으기 위해 거리로 나간다. 부모에게 받은 용돈을 그대로 기부할 수도 있지만, 부모도 학교도 그것을 권하지 않는다.

  주말에 가까운 호수로 산책을 나간 적이 있는데, 산책길 한쪽에서 남자 고등학생이 혼자 와플과 커피를 팔고 있었다. 별생각 없이 사 먹으려고 다가간 우리 가족에게 학생은 자신이 왜 그것을 파는지, 어떻게 그 일을 하게 되었고, 앞으로 어떻게 기부할 것인지 직접 설명해주었다. 노르웨이에서는 기부금을 모으기 위해 집에서 직접 케이크를 만들고, 따뜻한 커피와 차를 준비해 공원이나 마트 입구에서 파는 아이들을 종종 볼 수 있다. 엄마들은 아이들이 이런 활동을 하겠다고 하면 기특한 마음으로 도와준다. 물론 혼자서 할 수 없는 부분을 도와주는 것이지 대신 해주지는 않는다.

  노르웨이에서는 연말이 되기 전에 전국적으로 모금 운동을 하는 날이 있다. 방송국에서는 사람들에게 기부 활동을 홍보하고, 참여를 독려하기 위해 모금 상황을 텔레비전으로 중계한다. 추운 날씨에도 아이들은 혼자 맡은 구역의 집을 일일이 찾아가 벨을 누르고 취지를 설명하며 기부금을 모은다. 어떤 어른은 수고한다며 선뜻 기부를 하지만, 어떤 어른은 참여하지 않겠다며 문을 닫아버리는 경우도 있다. 아이들은 기부를 실천하는 어른을 통해 남을 돕는 것을 배우고, 거절하는 어른을 통해서는 자신의 미래가 그런 모습이 아니길 소망한다.

  노르웨이 아이들에게 기부는 내 용돈을 기꺼이 내는 것이 아니다. 직접 취지를 설명하고 시간과 정성, 노력 등을 들여서 기부금을 마련한다. 나는 이런 아이들을 통해 기부를 실천하는 진정한 방법이 무엇인지 비로소 깨달을 수 있었다.

80세의 노르웨이 국왕이
페이스북 스타가 된 이유는?
43

노르웨이 오슬로에는 정원이 아름다운 소박한 궁전이 있다. 이 궁전에는 80세(2017년)의 노르웨이 국왕 하랄 5세가 머무르고 있다. 하랄 5세는 유럽 군주 중에서도 가장 재산이 적으며, 경호원 없이 시내 산책을 나가는 등 소박한 일상을 즐기는 국왕으로 유명하다. 또한 로열패밀리의 권위를 내세우지 않는 삶을 살아왔다. 젊은 시절에 요트를 즐겨 탔는데 노르웨이 국가 대표로 올림픽에 출전하기도 하고, 월드챔피언십(WC)에서는 금메달을 따기도 했다. 또 평범한 상인의 딸 소냐와 결혼했다. 이들이 결혼한 1968년만 해도 왕실의 가족으로 평범한 여인을 들이는 것은 쉬운 일이 아니었다. 하지만 젊은 하랄은 9년의 연애 끝에 아버지 올라프 5세를 설득해 결혼을 승낙받았다. 노르웨이 사람들은 이런 국왕을 친근하게 여김과 동시에 그런 삶의 태도에 존경심을 지니고 있다.

그런 그가 지난 2016년 9월, 페이스북을 비롯한 SNS와 전 세계 언론에서 큰 화제가 된 적이 있다. 바로 세계인의 마음을 움직인 연설 내용 때문이었다. 그는 왕궁의 가든파티에 모인 1500명의 사람들 앞에서 열정적인 연설을 했다. 난민을 포용하고, 성 소수자를 존중해야 하며, 다양한 종교에 대한 관용적 자세를 지녀야 한다는 내용이었다.

"노르웨이인은 노르웨이 북부, 중부, 남부에서 왔다. 아프가니스탄, 폴란드, 소말리아, 시리아에서 온 사람들도 모두 노르웨이인이다. 내 조상도 110년 전에 덴마크와 영국에서 이곳 노르웨이로 왔다. 우리가 어디에서 왔고, 국적이 어디인지 말하는 것이 쉽지는 않다. 하지만 우리의 마음이 머무는 곳이 바로 고향이며, 이는 국경으로 한정 지을 수 있는 것이 아니다. 하느님을 믿는 사람, 알라를 믿는 사람, 우주를 믿는 사람, 종교가 없는 사람도 모두 똑같은 노르웨이인이다. 노르웨이에는 소녀를 사랑하는 소녀, 소년을 사랑하는 소년, 서로 사랑하는 소년과 소녀가 있다. 이들도 모두가 똑같은 노르웨이인이다. 나이와 능력, 키, 사회적 지위 등을 막론하고 모두가 노르웨이인이다. 우리는 신뢰와 유대감, 관용 정신을 바탕으로 서로의 차이를 인정해야 한다. 노르웨이에 대한 희망이 있다면 서로 돌봐줄 수 있는 나라가 되는 것이다. 우리는 계속해서 그런 나라를 만들어갈 수 있고, 서로 다르더라도 하나라고 느낄 수 있다. 노르웨이에 살고 있고, 노르웨이를 사랑한다면 모두 노르웨이인이다."

노르웨이 사람들은 국왕의 연설을 통해 나라를 더 사랑하게 되었고, 왕실을 더욱 존중하게 되었다. 노르웨이 사람들은 국왕의 연설 덕분에 국가 이미지가 한층 높아졌다고 이야기한다. 왕은 정치적 권력이 거의 없지만, 일주일에 한 번 정부 각료들과 정치 문제에 대해 회의를 한다. 그리고 이번 연설처럼 국내외 정세를 넓은 안목으로 바라보면서 국제적으로 노르웨이라는 나라의 신임을 높이는 훌륭한 대사 역할을 한다.

실제 노르웨이 아이들은 국왕이 강조하는 이러한 가치들을 배우며 자라고 있을까? 2012년 5월까지 개신교 국가였던 노르웨이는 초등학교에 종교 과목이 개설되어 있다. 종교 과목에서는 개신교뿐만 아니라 이슬람, 불교, 로마 가톨릭 등 다양한 종교와 인종, 그리고 그들의 문화를 배운다. 종교나 인종이 차별 대상이 될 수 없다는 것을 배우고, 이와 관련해 다양한 세계 문화를 접함으로써 보다 넓은 시각을 갖춘다.

노르웨이에서 태어난 딸아이는 이미 유치원에서부터 다양한 국적의 아이들을 만나 함께 생활하고 있다. 그렇게 친구로 지내면서 자연스럽게 '다양함'은 '틀림'이 아니라는 것을 배운다. '나와 너는 다름'이 아니라 '나와 너는 다름없다'는 것을 배운다. 이런 부분에서 노르웨이는 참 배울 점이 많은 나라다.

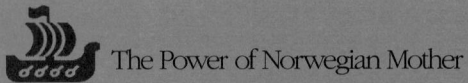

5부
노르웨이식 양육 문화가 행복한 엄마를 만든다

노르웨이 엄마들은 아이의 성적을 통해 또는 아이가 좋은 대학에 가서 좋은 직장을 얻는 것으로 자신의 자아실현 욕구를 충족하지 않는다. 대신 아이들에게 엄마 스스로가 자아실현의 본보기가 되고 싶어 한다. '육아와 살림이라는 가정의 함정에 빠지는 여성이 없어야 한다는 것'은 아주 노르웨이적인 사고지만 이것은 여성이 자신이 원하는 것을 선택할 수 있는 삶이 가능하다는 뜻이며 이는 분명 노르웨이 엄마들의 힘이다.

아이가 성인이 될 때까지 나오는 양육 수당
44

 한 개인이 아이를 낳고 기르는 것에 대해 나라가 어디까지 공동 책임을 져야 할까? 아이를 낳기 전에는 사실 별 관심이 없는 문제였다. 아이를 가진 후에야 어느 지역에서 어떤 지원을 하는지, 나라에 어떤 지원 정책이 있는지 관심을 갖게 되었다. 복지 국가 중 으뜸이라 자부하는 노르웨이에서는 엄마들에게 어떤 지원을 할까?

 노르웨이에서 아이를 키우는 모든 부모는 바르네트리그(Barnetrygd)라는 양육 수당을 받는다. 태어나서 처음 몇 해만 주는 것이 아니라, 아이가 가정에서 독립하는 만 18세가 될 때까지 매달 970크로네(한화 약 14만 5천 원)를 지급한다. 1년이면 1만 1640크로네(한화 174만 6천 원)이고, 18년이면 20만 9520크로네(한화 3142만 8천 원)다. 아이의 수에 관계없이 받기 때문에 둘이면 2배, 셋이면 3배의 돈을 받는다.

 노르웨이 부모들은 이 돈을 육아 비용으로 직접 쓰기도 하고, 용돈으로 주기도 하며, 아이 이름으로 만든 통장에 넣어두었다가 고등학교를 졸업한 후 독립할 때 주기도 한다. 아이가 어릴 때는 이 돈을 어디에 어떻게 쓸지 당연히 부모가 결정한다. 하지만 독립적이고 자기주장이 분명한 노르웨이 아이들은 크면서 양육 수당에 대한 자신의 권리를 주장하기도 한다. 그래서 아이가 어느 정도 크면 양육 수당을 어떻게 사용할 것인지 서로 협의해서 결정하는 경우도 있다.

양육 수당과 별개로 13~23개월의 아이가 유치원에 가지 않을 경우 지원해주는 콘탄스퇴테(Kontantstøtte)라는 현금 지원금이 있다. 이는 지금까지 매달 6000크로네(한화 90만 원)가 나왔는데 2017년 8월부터는 7500크로네(한화 112만 5천 원)로 금액이 상향 조정되었다. 다만 중간에 유치원에 보내는 경우 지원금을 받을 수 없으며, 풀타임이 아니면 유치원에 가는 시간 비율에 따라 지원금이 줄어든다. 예전에는 아이 수에 비해 유치원이 모자라서 부득이 부모가 무급 휴직을 하고 육아를 해야 하는 상황이 생기기도 하고, 부모가 모두 직장에 나가야 해서 베이비시터를 써야만 하는 경우가 있었다. 그래서 이 돈은 육아 휴직을 길게 하는 부모를 위한 현금 지원 또는 베이비시터 고용 비용을 지원하는 데 목적이 있었다.

노르웨이에서는 아이를 낳으면 49주 동안 100퍼센트의 월급을 받으면서 아이를 키운다. 육아 휴직을 조금 더 길게 하고 싶으면 59주 동안 할 수 있는데, 이때는 80퍼센트의 월급을 받는다. 아빠에게 할당된 기간은 14주에서 줄어들어 2017년 현재 10주이지만, 다시 14주로 확대하자는 의견이 힘을 얻고 있다.

육아 휴직을 하더라도 나라에서 월급을 100퍼센트 보전해주기 때문에 아이를 낳아도 한 가정의 매달 수입은 그대로 유지된다. 월급을 100퍼센트 받는다는 것은 아이를 출산하고 육아하는 것이 직장 다니는 것과 동일하게 사회적으로 중요한 일이라는 사실을 의미한다. 옆 나라 스웨덴의 경우에는 480일이라는 긴 기간 동안 유급 육아 휴직을 할 수 있지만, 월급의 80퍼센트가 나온다. 100퍼센트의 월급을 받는 제도와 80퍼센트지만 길게 휴직할 수 있는 제도 중 어떤 것이 더 나은지는 쉽게 판단할 수 없다. 가정에 따라서 줄어드는 수입이 부담될 수도 있고, 수입은 줄어들더라도 최대한 길게 육아에 전념하고 싶을 수도 있기 때문이다.

노르웨이에서는 연금을 납부하는 사업장에서 임신 기간 중 6개월만 근무하면 육아 휴직 대상자가 될 수 있으며, 이는 100퍼센트 일하지 않아도 가능하다. 자영업자나 프리랜서도 직장인이 육아 휴직을 하는 것과 마찬가지로 정부 지원을 받을 수 있다. 요컨대 국세청에 신고한 최근 3년간의 수입을 바탕으로 금액을 산정해 그것을 직장인이 받는 월급과 동일한 것으로 간주해 매달 육아 휴직 수당을 지급한다.

맞벌이가 아닌 경우에는 일시금인 엥강스퇴나드(Engangsstønad)를 받을 수 있다. 임신 27주가 지났다는 확인서를 복지 담당 기관인 나브(NAV)에 제출하면 된다. 늦지 않게 신청하면 아이를 낳기 전에 받을 수 있기 때문에 엄마들은 이 돈으로 출산 준비를 한다. 육아 휴직을 하는 엄마만큼 많은 금액을 받지는 않지만 출산 준비를 하기에는 충분하다. 게다가 2013년 3만 4000크로네(한화 510만 원), 2015년 4만 6000크로네(한화 690만 원), 에서 2017년 6만 1120크로네(한화 916만 8천 원)로 대폭 올랐다.

육아 휴직을 하더라도 월급이 그대로 나오고, 전업주부여도 따로 추가

지원금을 받을 수 있으며, 아이를 낳으면 성인이 될 때까지 양육 지원금을 지급하는 나라. 유가 하락으로 경제 상황이 어려워짐에도 육아와 관련한 현금 지원금은 상향 조정하는 나라. 노르웨이의 복지 정책을 보면 엄마들은 어깨를 펴고 다닐 만하다는 생각이 든다.

노르웨이에
전업주부가 없는 이유
45

　노르웨이에서는 신체 건강한 젊은 여성이 육아 때문에 일을 하지 않는 경우는 없다. 노르웨이 통계청이 조사한 바에 따르면 25~59세의 결혼한 여성이 전업주부이거나 일주일에 20시간 미만으로 일하는 사람은 10명 중 단 한 명꼴이었다. 그것도 완전히 전업주부가 아니라 파트타임으로 일하는 사람이 많았다. 보통 이런 사람은 학력이 낮거나, 건강이 좋지 않거나, 간병해야 하는 가족이 있거나, 이민자 등이다. 노르웨이에서는 일하지 않는 여성을 찾는 것이 어렵다.

　세계경제포럼(World Economic Forum, WEF)이 발표한 '글로벌 젠더 갭 보고서(Global Gender Gap Report)'를 살펴보면 노르웨이는 세계에서 양성평등을 가장 잘 실천하는 나라로 평가받고 있다. 남편도 육아와 가사를 하는 만큼 아내도 스스로 경제력이 있어야 하며, 경제 활동을 하는 것이 바람직하다고 생각한다. 또 물가가 높은 나라여서 남편만 벌어서는 살기가 빠듯한 것도 현실이다.

어떻게 많은 엄마가 육아를 하면서 동시에 직장 생활을 할 수 있을까? 노르웨이는 엄마가 일할 수 있는 환경을 갖추기 위해 제도적으로 뒷받침하고자 노력해왔다. 필자가 개인적으로 특히 좋다고 생각한 것 중 하나는 아이가 아플 경우 엄마와 아빠에게 보장된 유급 휴가다. 노르웨이에서는 12세 미만의 아이가 아플 때 사용할 수 있는 10일간의 유급 휴가가 있다. 아이가 둘 이상이면 15일간 받을 수 있으며, 만성 질환이나 장애가 있는 아이라면 20일 가능하다. 또 아이가 입원하거나 큰 질병 또는 상해를 입은 경우에는 상황에 맞게 적절한 유급 휴가나 간병 휴가가 주어진다.

노르웨이 엄마들도 워킹맘으로서 고민이 있다. 바로 육아를 하면서 동시에 완벽하게 일을 할 수 있는가 하는 것이다. 남편과 같은 직장에서 근무하는 필자의 지인은 육아와 일을 동시에 하다 보니 출산 전과 같은 업무이지만 제대로 해내는 것이 힘들다고 말한다. 출산 전에는 일에만 집중했는데 아이가 생긴 이후에는 아프면 달려가야 하고, 근무 시간에 맞춰 출퇴근하는 것 자체도 힘든 일이 되었다고 한다. 그래서 출산 후 이직을 생각하는 경우가 많은데, 회사 입장에서는 계속 근무하기를 권장하고, 또 이들을 지원하는 프로그램을 운영하는 곳도 있다.

노르웨이 유치원은 보통 4시 반 전후로 마치는데, 그 이후 시간에는 아이를 맡길 수 있는 보육 시설 자체가 없다. 인건비가 비싸기 때문에 일반 가정에서는 베이비시터나 가사 도우미를 쓰는 것도 쉬운 일이 아니다. 그래서 일하다가도 4시가 되면 아이를 데리러 출발해야 하는데, 직장과 유치원의 거리가 멀거나 차가 갑자기 막히는 날에는 그야말로 낭패다. 육아와 일을 병행하는 것은 제도의 뒷받침이 충분하다고 해도 부부만의 힘으로 완벽하게 통제할 수 없는 현실적 문제가 늘 존재한다.

우리 가정도 사정은 다르지 않다. 둘째를 낳은 후부터 남편은 큰아이의 등원을 거의 도맡아 하는데, 아이를 데려다주고 출근했다가 늦지 않게 데리러 가려면 근무 시간을 다 채우지 못할 때가 많다. 그러면 저녁을 먹은 후 다시 회사에 가서 야근을 하거나 집에서 재택근무를 한다. 맞벌이 부부라면 이런 상황이 두 사람 모두에게 해당한다. 아침에는 아빠가 아이를 유치원에 데려다주면, 엄마가 일찍 출근했다가 오후에 데리러 가는 식으로 역할을 분담한다.

노르웨이 엄마들은 근무 시간을 줄여서 일을 하는 경우가 많다. 한 엄마는 복직을 했는데도 수요일에는 아이를 데리고 열린 유치원에 왔다. 매주 수요일은 직장에 나가지 않고 아이와 시간을 보낸다고 했다.

노르웨이에서는 20퍼센트 일하는 경우도, 50퍼센트 일하는 경우도 정규직이 가능하다. 근무 시간을 줄이면 100퍼센트 일하는 것보다 수입은 좀 줄어들겠지만 육아와 가사를 좀 더 여유롭게 할 수 있다. 나중에 다시 100퍼센트 일할 수 있으니 아이들이 자라는 동안 육아와 직장 일의 균형을 적절하게 맞춘다. 이러한 시간제 정규직 제도가 잘 정착된 덕분에 노르웨이 엄마들은 경력이 단절되지 않고 육아와 일을 병행할 수 있는 것이다.

엄마가 일을 해야
양성평등을 실현할 수 있다
46

노르웨이 사람은 여러 번 만나 이야기를 나눈 사이여도 '이제는 이 사람과 좀 친하구나'라는 생각을 하기가 쉽지 않다. 하지만 이웃이라면 조금 다르다. 이웃사촌이라는 말이 실감 날 정도로 서로 교류하며 지낸다. 우리 옆집에는 할머니가 한 분 살고 계신다. 할머니는 나의 일상에 관심을 가져주고, 시간이 나면 커피를 함께 마시면서 말벗이 되어준다.

타국에서 아이를 키우는 우리 부부를 대견하게 여기며 한국이 그립지 않은지, 언제 부모님을 뵈러 가는지 소소한 것들을 물어봐주신다. 둘째가 나한테 꼭 붙어 있는 걸 보면 엄마가 너무 힘들겠다며 본인도 그 옛날 아이를 키울 때 이 시기가 참 힘들었다는 이야기도 해준다. 나의 노르웨이 생활에 조언도 하고, 선배 엄마로서 내 생활에 공감하는 것만으로도 고맙고 내 편을 만난 것 같아 기분이 좋다. 그런데 여러 번 이야기를 나누다 보니 내가 이해하는 것과는 조금 다른 관점에서 말씀하는 부분이 있다는 것을 알았다.

　할머니는 내가 돌이 지난 둘째를 유치원에 보내지 않고 데리고 있는 것을 특히 걱정했다. 지금 유치원에 보내기엔 너무 어린 것 같다는 내 생각에도 의문을 제기했다. 유치원에 가야 아이가 부모에게서 하루라도 일찍 자립할 기회를 가질 수 있고, 엄마도 여자로서 삶을 살 수 있다면서 말이다. 사회 활동을 할 능력이 충분히 있는데 육아만 하면서 집에 있으면 안 된다며 걱정 섞인 조언까지 했다.

　노르웨이 사회를 구성하는 사람들, 특히 여성은 여자로서 또는 엄마로서 일하기 어려운 조건 아래 있더라도 직업을 가져야 한다는 것에 강력히 동의한다. 일을 한다는 것은 여성으로서 자기 삶을 주체적으로 살아나가는 데 큰 힘이 된다고 생각한다. "당장 이혼하게 되면 경제력 없이 어떻게 살 것이냐?" 하는 질문을 대놓고 하는 경우도 있다. 노르웨이는 엄마들에게 일을 권하며 일하는 것이 당연한 권리이자 의무인 사회다.

　노르웨이도 엄마들만 육아 휴직을 하고, 아이를 맡길 곳이 없어서 일을 할 수 없던 시기가 있었다. 그러다가 1960~1970년대부터 모든 아이가 유치원에 갈 수 있도록 유치원 수를 꾸준히 늘리기 시작했다. '엄마 휴직'을 '부모 휴직'이라는 제도로 변경하고, 동시에 직장에서 임신한 여성의 차별을 막기 위해 고용주에 대한 캠페인을 필사적으로 벌였다. 학교에서도 양성평등을 중요한 교육 내용으로 다루었다. 1980년대 중반부터는 본격적으로 정치, 경제, 사회적으로 양성평등 정책을 강력하게 추진했다. 그 후 30년이 지난 지금 노르웨이 국민 90퍼센트 이상이 양성평등을 사회의 본질적 가치로 인식하게 되었다.

미국 CIA 보고서에서는 미국보다 노르웨이의 생산성이 20퍼센트 높은데, 그 이유가 양성평등이 잘 실현되는 사회이기 때문이라는 분석을 한 적이 있다. 노르웨이 사회는 남자와 여자의 재능이 각기 다르며 여성이 가정에서 머물기보다는 자신의 적성과 재능을 찾아서 사회적 역할을 해야 한다고 생각한다. 또 남자도 육아 휴직을 통해 자녀 양육 경험을 해야 여성의 삶을 보다 잘 이해할 수 있다고 여긴다.

이민자여서 언어가 서툴다 할지라도 노르웨이에 사는 엄마라면 일자리부터 찾는다. 원하는 집과 자동차, 좀 더 여유 있는 가정 경제를 위해서 맞벌이를 해야 하는 것은 두말할 필요가 없다. 하지만 무엇보다 엄마들에게 직장이 있다는 것은 사회 구성원으로서 자존감을 갖는 데 매우 중요한 요소다. 노르웨이에서는 엄마들끼리 만나는 자리에서 통성명하고 난 후 묻는 질문이 직업이다. 일을 하는지 여부를 묻는 것이 아니라 구체적으로 어떤 직업을 갖고 있는지 묻는다.

한국에서 이민 온 엄마들도 마찬가지다. 노르웨이는 이민자에게 자국 언어를 배워 취업할 수 있도록 지원하는 제도가 있다. 전문직에 종사하거나 노르웨이어에 매우 유창한 경우가 아니면 이민자로서 안정된 직업을 구하는 것은 현실적으로 어렵긴 하지만, 많은 엄마가 일주일에 하루나 이틀 정도 출근하는 시간제 직장을 구해서 일하고 있다. 저녁이나 주말에 일해야 하는 직장이라면 아빠에게 육아를 맡긴다. 육아나 집안일의 분담은 엄마가 일하러 나가는 순간부터 그 가정의 강력한 생활 지침이 된다.

양성평등 사회로 나아가기 위해서는 결국 노르웨이처럼 대다수 엄마가 일하는 사회가 되어야 한다는 생각이 든다. "여자가 애를 잘 키우는 것이 결국 돈 버는 일이다"라는 말은 결코 노르웨이에서 들을 수 없다. 노르웨이에서는 여성의 재능을 인정하고, 사회적 역할을 존중하며, 엄마에게만 육아 부담을 전가하지 않는다.

 사람에게는 누구나 자아실현의 욕구가 있다. 스스로 자신의 삶에 만족을 느끼고 자신이 가치롭다고 인정할 때 자아실현의 욕구가 충족된다. 노르웨이 엄마들은 아이의 성적을 통해 또는 아이가 좋은 대학에 가서 좋은 직장을 얻는 것으로 자신의 자아실현 욕구를 충족하지 않는다. 대신 아이들에게 엄마 스스로가 자아실현의 본보기가 되고 싶어 한다. '육아와 살림이라는 가정의 함정에 빠지는 여성이 없어야 한다는 것'은 아주 노르웨이적인 사고지만 이것은 여성이 자신이 원하는 것을 선택할 수 있는 삶이 가능하다는 뜻이며 이는 분명 노르웨이 엄마들의 힘이다.

오페어(Au pair)가 있을 뿐, 황혼 육아는 없다
47

노르웨이 할머니들도 손주에 대한 애정이 각별하다. 첫 생일잔치를 열어주기도 하고, 크리스마스 때는 24가지 선물을 사서 하나하나 포장해 주기도 한다. 시시때때로 장난감과 옷을 선물해준다.

할머니가 손주를 사랑하는 마음은 한국과 다름없지만, 황혼 육아에 관해서는 차이가 분명하게 존재한다. 노르웨이에서는 부모들이 일 때문에 불가피한 경우 아이를 부탁하기도 하지만, 할머니가 먼저 손주를 돌봐주겠다고 하는 경우도 많다. 요컨대 할머니 스스로가 좋아서 아이를 돌봐주는 것이다.

한국의 경우에는 할머니들이 황혼 육아로 힘들어하는 것과 관련한 사회 문제가 종종 보도된다. 황혼 육아를 잘하는 법을 가르치는 강의까지 있다. 하지만 노르웨이에서는 손주의 육아를 도와준다고 하더라도 픽업을 해서 부모가 퇴근하기 전까지 돌보는 정도가 대부분이어서 황혼 육아로 노후

생활 전체를 잃고 고달픔을 호소하는 할머니는 없다.

　노르웨이는 저녁 시간까지 아이를 맡아주는 곳이 없고, 유치원 마치는 시간보다 조금만 더 늦어도 100~200크로네(한화 1만 5천~3만 원)의 벌금을 물어야 하는 만큼 픽업 시간을 정확하게 지켜야 한다. 만약 저녁 시간까지 유치원에서 아이들을 돌봐준다면 결국 부모는 그것 때문에 야근을 할 것이고, 그렇게 되면 유치원 교사들까지 야근을 해야 한다. 이런 악순환이 될 수 있음을 모두가 공감하기 때문에 노르웨이는 엄마들조차 야간 보육 시스템에 대해서는 필요성을 느끼지 않는다.

　결국 부모의 힘만으로 아이를 픽업하고 돌볼 수 없는 경우에는 개인적으로 베이비시터를 구할 수밖에 없다. 급할 때마다 양가 부모한테 부탁해서 해결하기보다 차라리 안정적으로 베이비시터를 구하는 것이 더 현명하다고 생각하는 부모도 있다.

　노르웨이에서는 베이비시터로 오페어(Au pair)를 고용하는 경우가 많다. 오페어는 일정한 시간 동안 아이를 돌보아주는 대가로 숙식과 어느 정도의 급여를 받으면서 자유 시간에는 어학 공부를 하고, 문화도 배우는 일종의 문화 교류 프로그램에 참여한 청년들을 말한다. 홈스테이와 워킹홀리데이를 결합한 해외 연수 정도로 생각하면 될 것 같다. 베이비시터 일을 많이 하기 때문에 대다수가 젊은 여성이다. 오페어는 정식으로 계약을 맺고 노동을 하는 것이기에 주당 일하는 시간과 휴일이 정해져 있고, 1년에 25일의 휴가를 받도록 법적으로 보장되어 있다.

　예전에는 노르웨이 가정에서 오페어를 고용하면 이웃의 주목을 받을 만큼 드문 일이었지만, 요즘은 주변에서 오페어로 노르웨이를 방문한 외국

청년을 만나는 게 드문 일이 아니다. 프랑스나 스페인 등 유럽 각지에서 노르웨이 언어나 문화에 관심 있는 청년들이 오페어로 오는 경우도 있지만, 필리핀 출신 오페어가 절대 다수로 많다. 필리핀 출신 오페어들은 영어를 쓰기 때문에 엄마들은 아이의 영어 교육에 도움이 된다고 생각한다. 영어가 아니어도 아이의 특정 언어 교육을 염두에 두고 오페어의 국적을 고르는 경우가 많다. 내가 알고 지낸 우크라이나 출신 친구는 러시아어를 할 수 있어서 러시아 국적의 가정에서 아이를 돌보는 경우였다. 집에서는 러시아어, 밖에서는 영어를 쓰면서 아이와 대화한다고 했다.

노르웨이에 온 오페어는 대부분 노르웨이 사회에 긍정적 인식을 지니고 있으며, 오페어 비자가 나오는 2년 동안 노르웨이어를 배워서 노르웨이 대학에 진학하고 정착하려는 경우가 많다.

노르웨이에서도 맞벌이와 육아를 병행하는 것은 쉬운 일이 아니기 때문에 양가 부모에게 어느 정도 도움을 청하거나 그것이 여의치 않으면 엄마 본인의 근무 시간을 줄이거나, 오페어 같은 베이비시터의 도움을 받아 아이를 키운다. 결국 100퍼센트 만족스러운 유토피아 같은 곳은 없다는 얘기다. 어느 사회에서나 육아는 결코 쉽게 넘어갈 수 있는 산이 아니다.

휴가비 챙겨주며
가족 휴가를 보장하는 나라
48

노르웨이에 온 첫해 남편의 통장에 월급이 한 푼도 들어오지 않은 달이 있었다. 한 달 내내 출근했는데 월급이 없다니 도통 이해가 되지 않았다. 실제로 노르웨이 사람들은 매년 6월에 월급을 받지 않는다. 대신 전년도에 매달 월급의 10퍼센트를 적립해두었다가 다음 해 6월에 한꺼번에 받는다. 만약 노르웨이에서 처음 취업을 했다면 그해 6월에는 월급도 휴가비도 없다. 결국 우리 부부는 통장에 모아둔 돈으로 그해 6월 한 달을 살아야 했다.

대신 다음 해, 우리 가족은 행복한 휴가를 보낼 수 있었다. 전년도에 적립한 돈을 1년간 모았더니 6월 휴가비로 월급의 2배가량 되는 돈이 나왔다. 즉 한 달 생활비를 제하고도 한 달 월급만큼이 더 남았다.

노르웨이는 법적으로 4주의 유급 휴가를 받을 수 있다. 남편 회사는 최소 4주의 유급 휴가 외에 2주의 휴가가 더 있어서 1년에 6주(주말 제외 총 30일)를 쉴 수 있다. 휴가가 6주나 되지만 남편의 동료들은 평소 야근을 해서 오버타임 근무 시간을 적립하고 그것을 돈 대신 휴가로 바꾸는 경우도 많다.

그리고 아이의 방학 스케줄에 맞춰서 휴가 계획을 짠다. 노르웨이 유치원은 대부분 여름에 3주를 쉰다. 그러나 학교는 6월 중순부터 8월 중순까지 거의 두 달 동안 방학에 들어간다. 노르웨이 학교는 8월에 새 학기가 시작되므로 여름 방학이 학기말 방학이다. 아이들은 새로운 학년을 시작하기 전에 긴 방학을 보낸다. 초등학교 1~4학년 아이의 경우에는 학교에서 개설하는 돌보미 교실(SFO)이 있는 경우도 있는데, 방학 내내 하는 것이 아니어서 적어도 한 달은 부모가 돌봐야 한다. 초등학교 5학년부터 중·고등학생은 오롯이 두 달 동안 자유로운 방학을 보낸다. 부모에게는 짧은 기간이 아니다.

한번은 딸아이의 유치원 선생님과 노르웨이의 긴 여름 방학에 대한 이야기를 한 적이 있다. 선생님은 나에게 매일 유치원에 다니는 것은 아이들에게도 피곤한 일이라면서 편하게 쉬는 기간이 반드시 필요하다고 했다. 어른들이 일에서 벗어나 휴가를 떠나고 싶은 것처럼 말이다. 사실 유치원에서 많은 규칙을 지키며 생활하는 것이 피곤한 일임은 틀림없다. 아무리 자유롭게 노는 시간이 많다고 해도 집에서 엄마 아빠와 지내는 것만큼 편하지 않을 것이다.

한국 아이들은 방학이 되면 새 학기와 새 학년 학습을 준비하느라 바쁘다. 더구나 아이의 방학 동안 부모가 쉴 수 있는 것도 아니어서 퇴근 시간까지 학교 돌보미 교실이나 방과 후 교실, 학원 등을 전전해야 한다. 나 또한 어린 시절 방학이 되면 계획표를 세워 지키기로 매일 다짐하고, 그걸 지키지 못한 스스로에게 실망했던 기억이 떠오른다.

  하지만 노르웨이 부모와 아이들은 방학을 맞이하는 자세가 다르다. 그 야말로 그냥 논다. 방학은 쉬는 기간이기 때문에 다니던 운동 클럽이나 음악 수업 모두 쉰다. 그래서 부모는 긴 여름 방학 동안 아이를 어떻게 돌볼지 계획을 잘 세워야 한다.

  보통 가족 휴가 기간에만 부부가 동시에 휴가를 쓰고 나머지 방학 기간에는 서로 휴가를 번갈아 쓰면서 아이들을 돌본다. 그래서 여름 방학이 되면 아이들이 회사에 같이 출근해 일하는 부모 옆에서 시간을 보내는 경우도 있는데, 남편 회사에서는 이런 아이들을 위해 과학 교실 같은 것을 운영하기도 한다. 아울러 이런저런 사정으로 여의치 않은 경우에는 여름에만 한시적으로 베이비시터를 고용하기도 한다.

  그리고 대부분의 가족이 짧으면 2주, 길면 4주 정도 가족 휴가를 떠난다. 비용은 걱정할 필요 없다. 노르웨이의 임금 지불 제도에 따라 6월에 받는 휴가비로 충분히 갈 수 있기 때문이다. 노르웨이 가족의 여름휴가는 유명 관광지를 다니며 많은 것을 보고 경험하는 것보다 편안하게 쉬면서 재충전하는 것을 목적으로 하는 경우가 대부분이다. 그래서 보통은 햇살 좋고 따뜻한 휴양지를 찾아 해외여행을 간다. 노르웨이에서는 국내선 항공료보다 유럽으로 가는 항공권이 더 싸고, 패스트푸드점의 세트 메뉴 가격이면 물가가 싼 나라의 레스토랑에서 멋진 식사를 할 수 있다. 그래서 아예 가까운 스웨덴부터 스페인, 크로아티아, 그리스 등등에 가족 별장을 사두고 그곳에서 휴가를 보내는 경우도 있다.

  요즘은 자동차에 캠핑 장비를 싣고 다니면서 자전거 여행을 즐기는 가족도 많다. 그리고 요트가 있는 집은 바닷길을 따라 여행 한다. 휴가를 즐기는 방법과 장소는 가족마다 다르지만, 어디를 가든지 여유를 잃지 않는 것이 노르웨이 여름 휴가의 가장 중요한 키워드다.

그리고 노르웨이 엄마들은 잊지 않는다. 부모에게 휴가가 쉬기 위한 것이듯 아이들에게도 방학은 오롯이 쉬라고 있는 것이라는 사실을! 쉼은 다시 달릴 수 있는 힘을 보충하는 기간이다. 방학이면 생활계획표를 떠올리던 나도 노르웨이에 와서야 비로소 '방학을 방학답게 보낼 수 있도록 배려하는 것도 엄마의 중요한 역할이구나'라는 생각을 하게 되었다.

노르웨이의
무시무시한 아동보호법
49

　큰아이를 데리러 유치원에 간 날 있었던 일이다. 보통은 유모차에 달린 휠보드에 타는데 그날은 굳이 걷겠다고 해서 걸어서 집에 오던 중이었다. 절반쯤 왔을까, 큰애가 집에 가기 싫다며 갑자기 떼를 쓰기 시작했다. 둘째는 유모차에서 잠들어 언제 깰지 모르는데 첫째는 계속 떼를 쓰기에 "그럼 엄마 먼저 갈 거야!" 말하고는 먼저 저만치 가버렸다. 아이 혼자 길에 주저앉아 울고 있으니 지나가던 사람들이 하나둘 모여들었다. 쇼핑몰 주차장으로 들어가던 차들까지 멈춰서 창문을 내리고 아이와 사람들을 보았다. 조금 지켜보던 나는 분위기가 심상치 않은 걸 느꼈다. 그래서 얼른 달려가 아이를 일으켜 세우고 달랬다. 그날 별일 없이 상황을 수습하긴 했지만, 지나고 생각해보니 노르웨이 사람들의 시선에서는 충분히 오해할 만한 상황이었다. 노르웨이에는 바르네베르네(Barnevernet)라는 아동 복지 서비스가 있기 때문이다.

바르네베르네는 노르웨이의 아동 복지 서비스를 담당하는 기관이다. 1992년에 설립했는데 가족 내에서 어려움을 겪고 있는 아동, 청소년 및 부모에게 도움과 지원을 제공하는 기관이다. 이곳에서는 가족과 상호 작용이 잘되지 않는다거나, 세대 간 문제 또는 가족 내 문화 차이로 갈등이 생기거나, 신체적·심리적 폭력을 행하는 부모와 자녀가 있다거나, 장애 또는 질병이 있는 구성원 때문에 겪는 어려움 등을 다룬다. 부부 상담이나 가족 상담 등 필요한 지원을 모두 무료로 제공한다. 실제 이 기관을 통해 가족 문제 해결에 도움을 받는 사람이 많다.

나라에서 가족의 어려움을 도와준다면 좋은 일인데, 이 아동 복지 서비스는 노르웨이와 국제 사회의 화두 중 하나이기도 하다. 바르네베르네는 노르웨이어로 '아동 보호'라는 뜻인데, 이곳의 주요 역할은 '건강과 발전에 해로울 수 있는 조건에 처한 어린이와 청소년이 적시에 필요한 지원과 보살핌'을 받도록 하는 것과 '어린이와 청소년이 안전한 환경에서 자랄 수 있도록 돕는 것'에 초점을 맞추고 있다. 일차적으로는 아이와 부모를 상담하고 필요한 지원을 제공해 부모가 제대로 보호자 역할을 하도록 도와주지만, 상황이 좋아지지 않거나 부모로 인해 야기된 문제에 개선의 여지가 없다고 판단되면 아이와 부모를 격리하는 조치를 취할 수 있다.

지금까지 아이를 격리 조치한 경우 중 가장 많은 사례가 바로 '양육 기술의 부족'과 관련한 것인데, 예를 들면 우리나라에서는 아직 용인되는 사랑의 매 같은 것은 노르웨이에서 명백한 아동 학대에 해당한다. 노르웨이는 가정이나 학교에서 체벌을 절대 허용하지 않는다.

실제로 한 루마니아 출신 부부는 다섯 자녀를 한꺼번에 빼앗겼는데, 아이들이 "부모님이 훈육할 때 체벌을 했다"고 선생님과 조사관에게 말했기 때문이다. 부모가 아무리 설명해도 원칙적으로 허용되지 않는 양육 방법에 대해서는 단호하게 처리한다. 그리고 실제 자녀를 격리한 사례 중에는 체벌뿐 아니라 폭언이나 강압적 행동, 종교 강요 등이 그 이유인 경우도 있었다. 아이를 훈육하느라 집에서 시끄러운 소리가 났다면(이해해줄지는 모르지만) 이웃집을 돌아다니면서 사정을 설명해야 할지도 모른다. 노르웨이에서는 주변의 모든 사람이 아동 학대 감시자다.

바르네베르네의 격리 조치에 대한 반대 의견도 많다. 실제로 노르웨이에서뿐만 아니라 아일랜드, 스페인, 영국, 덴마크, 미국 등에서 반대 시위가 있었다. 시위대는 "국가가 부모로부터 아이들을 납치하는 것"이라는 말까지 했는데, 격리된 아이들의 약 40퍼센트가 이민자 가정 출신이라는 것도 문제로 지적되었다.

노르웨이 정부도 각 나라마다 다른 양육 문화의 차이를 인정한다. 그럼에도 아동·성평등부 장관 솔베이 호르네(Solveig Horne)는 2016년 4월 다음과 같은 입장을 밝혔다.

"노르웨이 아동 복지는 노르웨이에 정착한 외국인으로선 이해하기 어려운 제도입니다. 노르웨이 아동 복지 서비스 같은 공공 기관이 개인의 사생활에 개입하는 것을 이해하기 어려울 수 있습니다. 그러나 이것은 아이들의 보살핌에 관한 문제입니다."

즉 노르웨이 아동 복지 서비스는 노르웨이에 거주하는 모든 아동의 복지를 보장해야 하며, 부모의 국적에 관계없이 이루어져야 한다는 것이다. 바르네베르네에 대한 노르웨이 정부의 강력한 의지는 누군가를 처벌하거나 불행하게 만들기 위한 것이 아니다. 어른이라면 모든 아이의 행복을 위해 관심을 가지고 노력해야 한다는 데 의의가 있다고 볼 수 있다. 이민자 입장에서 이민자 가정에 집중된 격리 조치는 유감스럽지만, 노르웨이의 바르네베르네가 국제적으로 논란이 될수록 부모들은 스스로 자신의 양육 태도를 되돌아보지 않을까 생각한다.

노르웨이 아빠가
육아를 잘하는 이유
50

    나는 노르웨이에 도착한 후 3개월 만에 첫째 딸을 낳았다. 아이를 어떻게 키워야 할지 몰라 막막하던 차에 친정어머니의 도움을 요청했고, 어머니는 지구 반 바퀴를 돌아 노르웨이에 오셨다. 그리고 3개월 가까이 손녀를 키워주셨다. 그로부터 2년 후 우리 부부는 다시 둘째의 출산을 앞두고 있었다. 고민 끝에 한국에 있는 부모님의 도움을 받지 않기로 했다. 우리 부부의 힘만으로 출산부터 산후 조리, 첫째 아이 육아까지 모든 것을 해보기로 한 것인데, 그렇게 용기를 낼 수 있었던 이유는 첫째를 키워보니 노르웨이에서라면 가능할 것이라는 생각이 들었기 때문이다.

    노르웨이에서는 아내가 출산하면 남편에게 2주간의 유급 휴가를 준다. 산후조리원이 따로 있는 것도 아니고 산후 도우미를 따로 구하는 일도 없는 나라이기에 산후 조리는 남편이 담당한다. 남편은 내가 둘째를 출산하러 병원에 들어간 순간부터 진행 중이던 모든 업무를 동료들에게 맡기고 나의 산후 조리에만 전념했다. 남편은 산모인 나의 식사를 챙기고 집안일을 도맡아 하면서 두 아이를 보살폈다. 그렇게 남편은 자연스럽게 산후 도우미이자 가장 믿음직스러운 베이비시터가 되었다.

노르웨이 남편들은 아내의 출산 과정부터 산후 조리 그리고 신생아 돌보기를 남에게 맡길 수 없는 자신의 역할이라고 생각한다. 육아 휴직을 통해 육아를 전담하는 것 또한 아빠로서 의무이자 권리라 여긴다.

노르웨이에는 육아 휴직 할당제(Paternal quota)라는 것이 있다. 맞벌이 부부는 49주 동안 100퍼센트의 월급을 국가 세금으로 지원받으며 육아 휴직을 사용할 수 있는데, 그중 최소 10주는 남편에게 할당된 것이다. 남편이 10주의 육아 휴직을 쓰지 않으면 아내가 대신 쓸 수 있는 것이 아니라 소멸되기 때문에 아빠들은 대부분 이 육아 휴직을 쓴다.

노르웨이는 1977년부터 아빠의 육아 휴직 제도를 실시했지만 1990년대 초까지는 겨우 2~3퍼센트의 아빠만 육아 휴직을 사용했다. 강제성이 없었기 때문이다. 그래서 노르웨이 정부는 1993년부터 사용하지 않으면 소멸되는 '육아 휴직 할당제'를 세계 최초로 도입했다.

그 후 2008년에는 90퍼센트의 아빠가 육아 휴직을 했으며, 10주보다 더 길게 휴직하는 경우도 점점 늘어나고 있다. 이 제도를 시행하면서 남자가 육아를 하는 것에 대한 사회적 인식도 바뀌고, 가정 내에서도 평등한 육아 문화가 만들어지기 시작했다. 아빠들이 대낮에 유모차를 끌면서 마트에서 장을 보고, 쇼핑몰을 걷고, 카페에서 커피 한잔 시켜놓고 이유식을 먹이는 것이 지금은 너무나 일상적이지만, 불과 30년 전만 해도 사람들의 시선을 끌 만큼 낯선 모습이었다.

아빠들이 육아 휴직을 잘 보낼 수 있도록 도와주는 프로그램도 있다. 우리 지자체의 지역 보건소에는 '파파그룹' 프로그램이 있다. 파파그룹은 매달 한 번 같은 지역에 사는 아빠들이 육아 휴직 중인 다른 아빠들과 만날 수 있도록 보건소가 시간을 정해 모임을 주선하는 것이다. 내가 아이를 데리고 다니던 베이비송 프로그램이나 열린 유치원에서도 10개월쯤 되면 엄마 대신 아빠가 참석한다. 육아 휴직 제도만 시행하는 것이 아니라 질적으로 좋은 시간을 보낼 수 있도록 신경 쓰는 것이 노르웨이 복지의 장점이기도 하다.

내가 만난 아빠들은 아이와 함께 보내는 시간이 소중하고 즐겁다고 이야기했다. 아이를 혼자 돌보는 것이 힘들지 않냐고 물어보면, 아이를 돌보는 건 원래 쉬운 일이 아니라며 웃어넘긴다. 아이들도 아빠와의 일상이 익숙한 모습이다.

사실 아내가 같이 있으면 남편은 자신이 주 양육자가 아니라 도우미라는 생각으로 아이를 돌볼 때가 많다. 육아 휴직 할당제는 아빠가 혼자 두 달 반이나 육아를 해야 하므로 육아에 대해 더 많은 부분 공감을 할 수 있고, 책임감도 가질 수 있으며, 무엇보다 아이와 유대 관계를 돈독히 할 수 있다는 점에서 긍정적 의미가 있다. 그러나 모든 아빠가 육아 휴직을 할 수 있는 것은 아니다. 아내가 일을 하거나 학교에 다니는 학생이어야 아빠도 육아 휴직을 할 수 있는 조건이 된다.

노르웨이 사람들에게는 가족과 관련한 일이 직장 업무보다 항상 우선순위에 있다. 남편은 한국에서도 노르웨이 회사에 다녔지만, 본사에서 근무해보니 확실히 직장 내 문화가 다르다는 것을 느낀다고 이야기한다. 노르웨이 사람들은 주당 근무 시간 내에 다 처리할 수 없을 만큼 일이 많으면, 그것은 회사의 문제이지 일하는 사람의 문제가 아니라고 생각한다. 일이 많으면 사람을 더 채용해야지 자신이 계속 야근하는 것은 불합리하다고 여긴다. 그래서 남편 회사는 육아 휴직이나 질병 휴직 등 빈자리가 생길 것을 고려해 대체 인력을 수급하거나, 필요한 인력보다 좀 더 여유 있게 채용하는 등 보완책을 마련해놓는다. 가족에게 일이 생기면 즉시 달려갈 수 있는 이유이기도 하다.

노르웨이 남편들은 육아와 가사를 할 때 아내를 돕는다고 생각하는 것이 아니라, 자신이 해야 할 일이라고 생각한다. 그래서 퇴근과 동시에 아이들을 픽업하고 저녁을 준비하는 일이 특별한 게 아니다. 그리고 노르웨이는 회사 업무 후에 저녁 회식을 하는 일이 거의 없다. 남편 회사에서는 회식이 필요하면 점심시간에 회사 내 식당에서 함께 식사하는 것으로 대신한다. 연중행사로 저녁 워크숍이나 연말 파티를 열기도 하는데, 그날은 3~4시쯤 일찍 일을 마치고 집에 와서 아이들을 챙긴 다음 저녁 6~7시쯤 모임에 나간다. 저녁 회식이 정해지면 최소 2주 전에는 가족과 일정을 조율하는 것이 일반적이다.

공식적인 회식 외에 직장 동료들과 사적으로 모이는 일도 매우 드물다. 오슬로 같은 큰 도시의 번화가를 제외하면 동네에는 모임을 가질 만한 레스토랑이나 술집이 거의 없을뿐더러 술값이 너무 비싸 밖에서 사적인 만남을 자주 하기가 힘들다. 가족의 생활 패턴에 영향을 미칠 수 있기 때문에 주중에 집에 모여서 술을 마시는 경우도 매우 드물다. 노르웨이는 술을 사기 위해 일부러 해외에 나갈 만큼 술값이 비싼 나라다. 참고로 알코올 도수가 높은 술은 빈모노폴레트(Vinmonopolet)라는 주류 전문점에서만 구입할 수 있는데, 그것도 평일 6시, 토요일 3시까지만 가능하다. 맥주는 일반 마트에서도 살 수 있지만 평일 8시, 토요일 6시 이후에는 살 수 없다. 그래서 금요일 저녁이나 토요일은 시간 내에 술을 구입하기 위해 마트 안에서 뛰는 사람도 있다. 1분이라도 늦으면 계산을 할 수 없기 때문이다. 만약 회식이나 술 한잔하는 것을 좋아하는 한국 남자들이 노르웨이에 오면 적응하기가 힘들 것이다.

결국 노르웨이 아빠들은 내·외부적 환경이 가정적일 수밖에 없다. 집안일과 육아는 노르웨이 아빠들의 일상이다. 노르웨이를 오래 경험한 분들은 이런 말을 한다. "노르웨이에서는 아빠가 엄마고 엄마가 아빠다." 세계에서 양성평등을 가장 잘 실천하는 나라에 딱 어울리는 말이다.

전 세계 아이에게 선물하고 싶은 노르웨이 복지 3종 세트

51

지구상에 현존하는 국가 중 가장 발전된 형태가 복지 국가라고 한다. 복지 국가에 사는 노르웨이 사람들은 "요람에서 무덤"까지라는 말을 현실로 누리고 있다. 한국이 민주 국가에서 발전된 복지 국가로 나아가고자 할 때 북유럽 나라에서 시행하는 복지 제도는 분명 참고할 만한 좋은 사례가 될 수 있다.

노르웨이 사람들은 지금 부모가 된 세대에게 어떤 복지 제도를 만들어 주었을까? 딱 세 가지가 떠오른다.

나의 소소한 고민을 잘 들어주는 한국인 언니가 있다. 언니 아들은 어느 날 청각 장애로 인한 자폐 진단을 받았다. 이후 노르웨이 복지를 담당하는 기관인 나브(NAV)와 의료 기관 등에서 아이와 엄마를 위한 전방위적 지원을 시작했다. 장애 아동의 특성상 추가적으로 더 필요하거나 소모하는 물품에 대한 지원, 주거 환경의 개선에 필요한 경제적 지원도 해준다. 또 유치원에 보조 교사를 추가 배치해 일상생활을 하는 데 필요한 것을 교육하고, 부모가 가정에서 어떻게 아이를 보살펴야 하는지 전문가가 집으로 방문해 도움을 주기도 한다. 특히 아픈 아이를 돌보는 엄마가 지치지 않도록 끊임없이 관심을 기울인다는 점이 놀라웠다. 심리 상담 전문가는 엄마의 심리 상태를 꾸준히 체크하고, 엄마에게 필요한 게 무엇인지 복지 기관과 상의한다.

나는 아픈 아이를 키워야 하는 엄마에게 탄탄한 복지 제도가 얼마나 큰 도움이 되는지 실감했다. 노르웨이 복지 시스템은 겉으로 보면 모두에게 똑같이 제공하는 보편적 복지처럼 보이지만, 그 안에는 선별적으로 누릴 수 있는 많은 것이 포함되어 있다. 자세히 들여다보면 개인이 스스로 부담할 수 있는 것은 스스로 감당하게 하고, 그러지 못하는 것에 대해서는 아낌없이 지원해주는 방법으로 운영한다.

노르웨이는 완벽한 무상 의료 제도를 갖춘 나라가 아니다. 16세까지의 아이는 병원 진료가 전액 무료이고, 18세까지는 치과 진료가 무료다. 하지만 16세 이후에는 병원 진료비와 약제비를 포함해 1년에 2205크로네(한화 약 33만 원)까지 개인이 의료비를 부담하도록 되어 있다. 18~20세는 치과 진료 비용의 25퍼센트를 부담해야 한다. 감기 같은 것으로 병원에 가면 한 번에 200크로네(한화 3만 원) 정도 진료비가 든다. 대신 1년에 개인 부담금 이상 병원 진료비와 약제비가 나오면 추가적으로 드는 치료비는 나라에서 전액 부담한다. 또 통원이 아니라 입원할 경우에는 본인 부담금과 상관없이 무료로 치료를 받을 수 있다. 그리고 노르웨이 내에서 특정한 병을 치료할 전문 능력이 없다고 판단하면 사회 보장 제도를 통해 해외에서 적절한 치료를 받는 환자 브리지 제도를 운영하고 있다.

완전 무상 의료 제도와 비교해볼 때 장단점이 있겠지만 입원 또는 수술이 필요하거나 장애가 있는 가족이라면 경제력과 무관하게 무상 의료 서비스를 받을 수 있기 때문에 간단한 질병에 대해 스스로 부담하는 금액이 상대적으로 높은 것은 큰 문제가 안 된다고 생각한다.

한국 엄마에게 자녀의 병원비 걱정이 사라진다면, 다음으로 가장 큰 지출이 예상되는 것은 무엇일까? 바로 교육비일 것이다. 노르웨이는 기본적으로 무상 교육을 실시하고 있다. 다만 만 1~5세 아이들이 다니는 유치원은 정규 교육 과정이 아니기 때문에 나라에서 84퍼센트를 지원하고 나머지 16퍼센트는 부모가 부담한다(2017년 기준 매달 2730크로네, 한화 40만 9500원). 물론 2명 이상의 자녀가 유치원에 다니고 있거나 소득이 낮은 경우에는 일정 부분 감면 혜택을 받을 수 있다.

노르웨이는 초등학교부터 대학교까지 학비가 없다(사립 대학 같은 경우에는 학비가 있지만 장학금 제도가 잘되어 있다). 노르웨이에는 국가에서 운영하는 로네카센(Lånekassen)이라는 학자금 제도가 있다. 이 제도는 고등학생부터 신청이 가능하고 조건에 따라 받을 수 있는 금액이 다르다. 싱글인지 커플인지, 자녀가 있는지 여부, 소득 수준 등에 따라 금액이 정해지며 매달 생활비처럼 받을 수 있다. 이 제도의 좋은 점은 학사 경고만 받지 않으면 학자금의 40퍼센트를 감면받을 수 있다는 것이다. 노르웨이에서 학자금 대출을 받으면 그 돈은 부모가 감당하는 것이 아니라 아이 스스로 책임져야 한다. 원금의 40퍼센트를 감면받더라도 나머지 60퍼센트의 원금과 이자가 모이면 상당히 큰돈이 되는데, 취업 후 계속 갚아야 하는 것이어서 학생 입장에서는 부담스럽다. 그래서 노르웨이 사람들은 대학 공부를 꼭 하고 싶은 경우가 아니면 진학 자체를 하지 않거나, 학업을 중단하고 그냥 취업하는 사례도 많다. 어쨌든 적어도 노르웨이에서는 로네카센 제도 덕분에 돈이 없어서 공부할 기회를 얻지 못하는 경우는 없다.

마지막으로 연금 제도 이야기를 해야 할 것 같다. 노르웨이 사람들은 세계에서 가장 부유한 노년의 삶을 산다. 탄탄한 연금 제도 덕분이다. 노르웨이 사람들은 자녀도 각자의 삶을 살아야 하기 때문에 부모의 노후에 대해서는 나라가 마땅히 책임져야 한다고 생각한다. 실제 이들은 은퇴 후 자신이 받던 연봉의 80퍼센트를 연금으로 지급받는다. 우리 동네에는 노부부가 여럿 살고 있는데 항상 두 분이 같이 다니며 산책하고, 집을 가꾸고, 노인 센터에 가서 친구들과 어울린다. 스페인이나 그리스 등 유럽의 따뜻한 나라에 별장을 보유한 사람은 그곳에 가서 몇 달 동안 머물며 따뜻한 겨울을 지낸다. 그렇다고 노르웨이 사람 모두가 풍족한 노후 생활을 보내는 것은 아니다. 일한 기간이 짧거나 파트타임 근무, 임시 계약직으로 일한 사람은 젊은 시절 낸 세금이 적기 때문에 연금액 또한 적다. 그래서 시설과 여건이 좋은 요양원에 갈 수도 없고, 최저 생활 정도만 가능한 연금으로 살아가야 한다. 고소득 직업이나 안정된 직장에서 정규직으로 오랜 기간 일해야 풍족한 노후를 보낼 수 있는 것이다.

이렇게 의료나 학자금, 연금 제도를 살펴보면 보편적 복지를 기반으로 하는 노르웨이지만 최소한의 자기 비용 부담과 노력, 성실함이 필요하다는 사실을 알 수 있다. 나는 노르웨이에 살면서 왜 이 나라 사람들이 높은 세금을 감수하는지 상당 부분 이해하게 되었다. 사실 한국에서 직장 생활

할 때를 생각해보면 의료 보험금에 국민연금, 개인 보험에 개인연금까지 나가 돈이 만만치 않았다. 그 돈을 다 합쳐보면 나도 노르웨이 같은 복지를 누리기 위해 월급의 40퍼센트를 매달 지불했다. 하지만 아이 교육에 내 노후까지 고려해보니 부모의 힘만으로 책임지기는 분명 한계가 느껴졌다. 우리 아이들 세대를 위해 선물할 수 있는 복지가 있다면 어떤 것일지 엄마들이 먼저 고민해보았으면 한다. 노르웨이에서 살아보니 복지 제도는 곧 '지금 우리 가족'의 문제이며 '내 아이의 미래에 대한 문제'라는 걸 깨닫게 된다.

노르웨이에는 캐릭터 과자가 없다
52

 노르웨이 아이들에게 유명한 〈카르스텐과 페트라(Karsten og Petra)〉라는 그림책이 있다. 30여 권 가까운 시리즈가 출판된 이 그림책은 같은 유치원에 다니는 카르스텐과 페트라가 함께 스키와 수영을 배우고, 놀이동산에 가고, 자전거를 타고, 연극을 하고, 크리스마스를 보내는 등 노르웨이 어린이들이 경험할 법한 다양한 주제의 이야기가 담겨 있다. 특히 이 책은 노르웨이 국영 방송의 아동 및 청소년 채널인 NRK Super에서 아동용 드라마로 제작해 꾸준히 방영하고 있다. 주인공 역을 맡은 배우가 커서 학교에 가면 다시 어린 카르스텐과 페트라를 뽑아 새로운 시즌을 시작한다. 2017년까지 총 다섯 편의 영화를 만들었고, 연극으로 공연하기도 한다.

 노르웨이에서 아이를 기르는 엄마와 아빠라면 누구나 알고 있는 이 시리즈의 주인공들은 동물 인형을 들고 등장한다. 아이들은 주인공이 든 사자 인형과 토끼 인형을 선물 받길 원한다. 인형을 선물 받으면 주인공이 된

듯 좋아한다. 주인공 캐릭터가 그려진 퍼즐, 도시락 통, 물통, 스티커 등도 판매하는데 사실 한국에 비하면 캐릭터 상품은 아주 미미한 수준이다.

노르웨이에서는 캐릭터 상품을 허락하지 않는 분야가 있다. 바로 먹거리다. 어린이나 청소년을 대상으로 한 음식과 음료를 광고할 경우 엄격한 규정을 적용한다. 그래서 과자나 음료, 아이스크림, 시리얼 등에는 마케팅 목적으로 유명한 캐릭터를 사용할 수 없다. 실제로 한 아이스크림 회사는 〈하케바케스코겐(Hakkebakkeskogen)〉이라는 유명한 그림책의 캐릭터를 활용해 포장 상자를 제작했다가 판매 중지를 당한 적도 있다.

반면, 한국은 캐릭터 상품이 너무나 많다. 한번은 한국에서 키즈 카페에 갔는데, 아이들이 오가며 볼 수 있는 곳에 캐릭터가 그려진 과자와 음료수를 떡하니 진열해둔 것이었다. 그걸 보고 먹고 싶은 마음을 참을 수 있는 아이가 과연 몇이나 될까 생각한 적이 있다.

노르웨이에 사는 한국 아이들도 대부분 한국의 인기 캐릭터에 마음을 빼앗긴다. 캐릭터와 스토리가 얼마나 매력적이고 재미있는지 엄마인 나도 재미있어서 넋을 놓고 보는 경우가 많다. 그러나 문제는 여기서 끝나지 않는다. 노르웨이에 비해 저렴하고 다양한 종류의 캐릭터 장난감에 대한 구매 욕구를 억누르기가 쉽지 않다. 우리집에도 비행기를 두 번 갈아타고 노르웨이까지 건너온 각종 캐릭터 장난감과 문구용품 등이 많다.

소비를 조장하는 사회, 소비를 탐닉하게 만드는 요즘 사회에서 적어도 아이들만큼은 이윤 추구의 중심 타깃이 되지 않길 바라본다.

신뢰가 기반인 사회에서
아이를 키운다는 것은?
53

　우리 집은 아파트 1층이다. 처음 남편이 먼저 노르웨이에 와서 집을 구한 다음 사진을 보내주었는데 방범 장치가 전혀 없었다. 불안한 마음이 들었지만 노르웨이에 와보니 가정집뿐 아니라 모든 건물에 방범창을 덧달아둔 곳이 없었다. 주변 사람들은 '신뢰를 기반으로 하는 시스템(Trust-based system)'인 노르웨이에서는 그런 방범창이 필요 없다고 말했다.

　노르웨이 사람들은 누군가가 잃어버린 물건에 손대는 일이 거의 없다. 크리스마스 마켓이 열리는 곳에 나들이를 갔다가 카메라를 잃어버린 적이 있다. 남편과 나는 아이들을 챙기느라 카메라를 어디에 두었는지 알 수가 없었다. 그때 지나가던 누군가가 근처 매장의 카운터에 가면 찾을 수 있을 거라고 말해주었다. 그곳에 가봤더니 정말 카메라가 맡겨져 있었.

　스키장 한쪽 귀퉁이에 가방을 놓은 채 1~2시간 스키를 타고 돌아와도 그대로 있다. 해변가에 짐을 둔 채 실컷 수영을 하고 돌아와도 마찬가지다.

비가 오면 누군가가 흘리고 간 물건 위에 비닐을 덮어두기도 한다.

노르웨이는 신뢰를 바탕으로 하는 사회여서 지하철 개찰구가 따로 없다. 버스, 트램(노면 전차), 기차를 이용할 때도 마찬가지다. 대중교통을 이용하기 전에 자동 발매기나 휴대폰 앱으로 표를 사면 되는데, 탑승 전에는 전혀 검사를 하지 않는다. 대신 무임 승차나 부정 승차한 것이 적발되면 벌금을 물어야 한다.

엄마니까 먹거리와 관련한 몇 가지 이야기를 더 해볼까 한다. 첫 번째는 물이다. 노르웨이 사람들은 아이에게 수돗물을 그대로 먹인다. 첫아이가 이유식을 시작했을 때, 다른 엄마들에게 물을 어떻게 먹이냐고 물어봤더니 수돗물을 그냥 준다고 대답했다. 하지만 나는 한동안 보리차를 끓여 먹였다. 물을 끓여 마시면 외국인이라는 말을 할 정도로 노르웨이 사람들은 자국의 수돗물을 신뢰한다.

또 하나는 달걀이다. 노르웨이는 세계 최고의 안전한 달걀을 생산한다고 이야기한다. 암탉한테 항생제를 사용하지 않고, 성장 호르몬 역시 금지한다. 모든 농가의 닭은 정해진 면적 또는 그 이상의 사육장에서 자라기 때문에 날달걀을 먹어도 안전하다고 한다.

해외 육아가 고단할 때면 남편과 나는 한국의 바삭한 치킨과 맥주 한잔이 정말 그립다는 이야기를 한다. 안타깝게도 노르웨이에는 바삭한 치킨을 파는 곳이 없다. 해외에 나가면 꼭 들르는 곳이 KFC일 정도다. 노르웨이에는 2017년 4월 현재까지 KFC 매장이 단 한 곳도 없다. 사람들이 치킨을 좋아하지 않아서 KFC가 진출하지 못하는 것이 아니다. 페이스북에는 노르웨이에 KFC를 들여오자는 모임도 있고, 사람들 사이에는 곧 매장이 생길 거라는 소문이 돌고 있기도 하다. 하지만 노르웨이는 기본적으로 자국 브랜드를 선호하고, 인구가 적으며(하지만 더 적은 아이슬란드에는 KFC 매장이 있다), 인건비가 비싸다. 그래서 스타벅스나 도미노 피자 같은 세계적 브랜드도 이제야 매장 수를 조금씩 늘리고 있는 상황이다. 게다가 건강에 좋지 않은 패스트푸드 브랜드의 진출을 꺼리는 분위기도 분명 존재한다. 그러나 맥도날드나 버거킹과 달리 KFC가 진출하기 어려운 이유 중 중요한 것 하나가 바로 닭고기 생산과 관련한 동물 복지 문제가 노르웨이 법과 상충하기 때문이다.

오슬로에서 잘사는 동네에 살고 있는 언니의 말이 기억난다. "우리 동네 의사 부부는 가장 저렴한 브랜드의 닭고기를 사 먹더라." 언니는 그들의 검소한 소비 태도를 칭찬한 말이었지만, 왠지 가장 저렴한 닭고기도 믿고 사 먹을 수 있을 것 같다는 생각이 들었다.

작은 생활 속 사례 하나하나가 아이를 기르는 엄마 입장에서는 이 사회를 더욱 신뢰하는 계기를 제공해준다. 노르웨이는 덴마크 다음으로 세계에서 타인에 대한 신뢰도가 가장 높은 국가다. 정부 신뢰도는 스위스와 룩셈부르크에 이어 세계 3위(2016년 기준)다. 타인에 대한 신뢰로 사회 통합을 꿈꾸고, 정부 기관에 대한 신뢰로 복지 국가를 이룬 'Trust-based system'은 노르웨이가 어떻게 행복하고 만족스러운 사회가 되었는지를 설명할 때 반드시 언급하는 것이다. 그리고 이것은 다음 세대를 책임질 아이들에게 계속 되물림되고 있다.

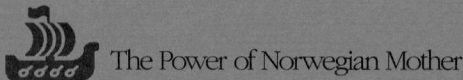
The Power of Norwegian Mother

6부
노르웨이식 교육 문화가 강인한 나라를 만든다

......
노르웨이 아이들은 자신의 능력이나 재능과 상관없이 무조건 우수한 대학교에 진학하기 위해서, 또는 특정한 직업을 갖기 위해서 경쟁하지 않는다. 그래서 부모는 자식에 대한 애정이 깊을수록 예체능 교육에 높은 관심을 보인다. 그러나 부모는 운동선수나 음악가를 만들기 위해 아이에게 예체능을 가르치는 것이 아니다. 학창시절 다양한 경험을 바라기 때문이다.

사교육 덕분에
더 행복한 노르웨이 아이들
54

노르웨이에는 아이들의 성적을 올리기 위한 사교육이 없다. 국어, 영어, 수학 등을 가르치는 보습 학원은 찾아볼 수 없고 한국에서 흔한 참고서나 학습지도 없다. 아이들은 공부를 하다가 모르는 것이 있으면 인터넷으로 정보를 찾아 스스로 해결하거나, 부모가 직접 가르치거나, 교사에게 도움을 요청한다.

물론 노르웨이에서도 자녀 교육에 열성적인 부모는 아이들에게 사교육을 시킨다. 여기서 사교육이란 스포츠 클럽이나 문화 학교에 등록해 다양한 예체능 분야를 경험하는 것을 말한다. 아이들은 자신이 하고 싶은 것을 배우는 것으로 방과 후 시간을 보낸다. 좋아하는 것을 즐기기 때문에 아이들에게는 더할 나위 없이 행복한 시간이다.

노르웨이 아이들이 방과 후 시간에 가장 많이 즐기는 것은 바로 수영과 스키다. 지역마다 운영하는 수영 클럽에는 만 4개월부터 성인까지 연령별로 수십 개의 수업이 개설되어 있다. 비용은 연령별로 다르지만 보통 1년에 6000크로네(한화 90만 원) 정도 든다.

스키 역시 대중적 스포츠이기 때문에 많은 아이들이 즐긴다. 겨울 시즌에 강습이 집중되는 스키는 수영이나 축구 같은 스포츠를 잠시 쉬고 배우는 경우가 많다. 하지만 욕심 많은 아이들은 평소 하던 것에 더해 스키 클럽까지 가느라 바쁜 겨울을 보내기도 한다. 노르웨이는 스키 시즌이 끝날 때가 되면 지역의 이름을 딴 대회가 곳곳에서 열린다. 부모들은 여러 지역을 찾아다니며 아이들을 대회에 참가시킨다. 스키 경기에 참가한 아이들은 순위에 상관없이 모두 같은 트로피와 기념품을 손에 들고 집으로 돌아간다. 겨울 내내 스키를 탔으니 시즌이 끝나기 전에 다양한 경기에 참여해 완주의 기쁨을 누리는 것은 아이들에게 좋은 경험이 된다. 노르웨이 엄마들은 경쟁이 아니라 완주를 향해 달린 성취의 기쁨을 느끼게 해주는 것이 중요하다고 생각한다.

그 밖에 남자아이들은 축구, 농구, 암벽 등반, 아이스하키, 요트 같은 종목을 많이 하고, 여자아이들은 발레, 기계 체조, 핸드볼, 테니스, 축구 같은 종목을 많이 한다. 특히 축구 클럽은 남자아이뿐만 아니라 여자아이에게도 인기 있는 종목이다. 아빠들은 아이들이 축구 클럽에 가는 날이면 퇴근을 서두른다. 아이들의 운동 모습을 지켜보면서 아빠들은 경기력을 향상시키기 위한 전략도 짜고, 연습을 더 늘려야 할지, 어떤 팀과 친선 경기를 하면 좋을지 서로 상의한다. 친선 경기의 일정과 장소를 정하는 것부터 빵이나 와플, 음료를 준비해 매점을 운영하는 것, 주차 안내까지 모두 부모들의 몫이다.

노르웨이에는 미술 학원이 없다. 노르웨이 엄마들에게 한국에는 미술 학원이 많다고 이야기하면 그게 뭐 하는 곳인지 되묻는다. 미술 학원에서 무엇을 가르치는지, 어떻게 가르치는지, 아이들이 좋아하는지 궁금해한다.

대신 악기나 합창, 연극을 배우는 경우는 많다. 대부분 공립 문화 학교에 등록해서 배운다. 악기는 피아노, 바이올린, 첼로, 플루트, 기타, 전자 기타 등 다양한 종류가 있는데 1년에 보통 5000크로네(한화 75만 원) 정도의 비용이 든다. 저렴한 가격으로 교육을 받을 수 있기 때문에 공립 문화 학교는 항상 대기 인원이 많다. 심지어 아이가 초등학교 들어갈 때 피아노 수업을 신청했는데 3년 후에 자리가 났다고 연락이 오는 경우도 있다. 사설 학원이 아니다 보니 한국처럼 아이가 배우고 싶을 때 바로 시작할 수 없다는 게 아쉬운 부분이다. 한국과 다르게 노르웨이에는 합창이나 연극 강좌를 개설한 문화 학교가 많다. 보통은 노래 부르는 것을 즐기고 몸으로 감정을 표현하는 기회를 주기 위해 참여하는 경우가 많지만, 일부 상류층이나 교육열 높은 부모들 사이에서는 특별한 목적이 있는 경우도 있다. 오슬로 국립 극장에서 연말이면 어린이 극단의 크리스마스 공연이 열리는데, 매년 노르웨이 국왕이 관람할 만큼 유명하다. 부모들은 아이를 이 극단에 들여보내기 위해 어릴 때부터 합창이나 연극, 발레 등을 가르친다. 그리고 아이가 극단에 입단하면 엄마들은 그들만의 자부심을 느낀다.

노르웨이 아이들의 사교육 프로그램을 들여다보면 수업 횟수와 시간도 한국의 학원들과 차이가 있다. 딸아이가 다니는 3세 반 수영 수업은 일주일에 한 번, 30분이다. 30분은 아이들의 집중도와 체력을 고려한 시간이다. 피아노나 바이올린 같은 악기도 마찬가지다. 일주일에 한 번 수업이 있는

데 시간은 25분 이내다. 그 짧은 시간 동안 무엇을 배울까 싶지만 강사가 집중해서 아이 한 명을 가르치기 때문에 강사도 부모도 그 시간이 짧지 않다고 생각한다.

노르웨이 아이들은 자신의 능력이나 재능과 상관없이 무조건 우수한 대학교에 진학하기 위해서, 또는 특정한 직업을 갖기 위해서 경쟁하지 않는다. 그래서 부모는 자식에 대한 애정이 깊을수록 예체능 교육에 높은 관심을 보인다. 그러나 부모는 운동선수나 음악가를 만들기 위해 아이에게 예체능을 가르치는 것이 아니다. 학창시절 다양한 경험을 바라기 때문이다. 노르웨이 공립 문화 학교에서 15년 넘게 바이올린을 가르쳐온 백명정 선생님(오슬로 대학교 동양학과 박노자 교수님의 부인)은 필자와의 인터뷰에서 이렇게 말했다.

"노르웨이 엄마와 아이들은 스킬을 가르쳐서 빨리 훌륭한 연주를 할 수 있게 되는 것을 좋아하지 않아요. 아이가 악기를 연주하면서 즐거움을 느끼고 음악을 제대로 만끽하는 법을 배우길 원하죠."

사교육이라는 이름을 붙이긴 했지만 노르웨이에서는 아이들의 방과 후 시간이 당장의 성적과 먼 미래에 도움이 되는지 여부를 따질 필요가 없다. 그저 아이들이 즐겁고 재미있게 시간을 보내는 게 중요할 뿐이다.

아이들의 사회성 발달을 위한 특별한 숙제

55

　노르웨이 아이들은 놀이터에 가면 모르는 아이들과도 잘 어울려 논다. 우리 부부는 주말마다 에너지가 넘치는 딸아이를 위해 아이들이 놀 만한 장소를 찾아다니는데, 처음 간 장소에서도 아이들은 서로 "같이 놀래?"라는 말 한마디로 친구를 만든다. 또 자기보다 어린 동생을 만나면 놀이 기구를 양보하거나 떨어지지 않도록 잡아주는 경우도 많다. 노르웨이 아이들은 '타인과 원만하게 상호 작용하는 능력, 타인과 긍정 관계를 형성하는 능력'인 이런 사회성을 어떻게 배우는 걸까.

　노르웨이 엄마들은 사회성 발달을 위해서라도 유치원을 일찍 보내야 한다고 말한다. 유치원은 크게 만 3세 이하 반, 만 3세 이상 반으로 나뉘어 있어 한두 살씩 차이 나는 또래끼리 생활한다. 딸아이는 만 3세 이하 반에 있을 때는 동생들을 챙겨주면서 언니, 누나 노릇을 했는데, 만 3세 이상 반에 들어가서는 나이 많은 언니, 오빠들이 옷 입는 것도 도와주고 귀여워하며 잘 놀아주었다. 아이들은 그렇게 서로 돕고 도움을 받으며 유치원 시절을 보낸다.

초등학교 1학년에 입학하면 선생님들은 새로 만난 친구들과 원만한 관계를 맺을 수 있도록 '사회성'과 관련한 과제를 내준다.

친구 5명의 이름을 기억해 오세요.
친구 10명의 이름을 기억해 오세요.
반 친구들의 이름을 모두 기억해 오세요.
혼자 놀고 있는 친구에게 다가가 "같이 놀자"고 이야기하세요.
오늘은 친구에게 "우리 같이 놀래?"라는 말을 다섯 번 하세요.
같이 놀자고 이야기하는 친구에게는 절대 "안 돼"라고 말하지 마세요.
같이 놀자고 하면 무조건 "그래"라고 말하세요.

아이들은 선생님으로부터 이러한 과제를 받으면 쉬는 시간이나 방과 후에 이를 실천해야 한다. 그리고 다음 날 아침 수업하기 전 모두 모여서 숙제를 했는지 이야기를 나눈다.

사회성 발달을 위해 멘토링 프로그램을 운영하는 초등학교도 있다. 모든 신입생에게는 입학과 동시에 자신의 멘토가 생긴다. 멘토는 바로 그 학교에 다니고 있는 5학년 학생들이다. 5학년 학생들은 지금까지 경험한 학교생활을 바탕으로 자신의 멘티가 잘 적응할 수 있도록 도와준다.

이 멘토링 시스템은 신입생 아이들을 위한 이벤트성 프로그램이 아니다. 멘토인 언니와 오빠들이 졸업할 때까지 3년 동안 유지된다. 즉 1학년과

5학년, 2학년과 6학년, 3학년과 7학년이 짝을 이뤄 서로 멘토와 멘티 역할을 하고, 7학년인 멘토가 졸업할 때 활동이 종료되는 것이다. 여기에 포함되지 않은 4학년은 멘토의 역할을 배우는 준비 기간이다.

멘토링 활동은 수업을 제외한 모든 시간에 할 수 있다. 학교생활에서 힘든 것은 없는지 물어보고 챙겨주는 것은 물론 쉬는 시간에 혼자 놀고 있으면 같이 어울리기도 한다. 소풍을 갈 때도 멘토와 멘티가 함께 움직인다. 노르웨이 아이들은 1시간쯤은 거뜬하게 걸어서 소풍을 가는데, 멘토와 멘티는 목적지까지 동행하고 도착한 곳에서는 도시락도 함께 먹는다.

이러한 멘토링 프로그램은 멘티들에게는 단체 생활에 대한 소속감과 안정감을 주고, 멘토들은 자신이 누군가를 도와줄 수 있는 사람임을 체득할 수 있게 해준다. 두 학생 모두에게 사회성에 필요한 표현 능력과 공감 능력을 동시에 발달시킨다. 한국 학교에서 멘토링 프로그램은 주로 짧은 기간에 한정되어 있고 학습과 관련한 것이 많은데, 노르웨이는 사회성을 가르치기 위한 수단으로 운영하고 있다는 점이 놀라웠다.

담임 선생님과 일대일로 학부모 상담을 할 때도 적지 않은 시간 동안 아이의 사회성과 관련한 이야기를 나눈다. 아이가 친구들과 어떻게 지내는지, 친구들에게 나쁜 말을 들은 적이 있는지, 친구를 따돌린 적이 있는지, 다른 아이들 사이에서 그런 장면을 본 적이 있는지 등을 물어본다. 아이가 친구들과 어울려 잘 놀 수 있도록 부모와 교사는 꾸준히 관심을 기울인다.

OECD 국제학업성취도평가(PISA)에서는 2015년부터 컴퓨터를 활용해 협력적 문제 해결력을 평가하고 있다. 지식만 평가하는 게 아니라 이제는 문제를 해결하기 위해 서로 협력하는 능력까지 평가하는 것이다. 한국은

이 평가에서 항상 최상위 수준을 차지하던 나라였으나 요즘은 우려의 목소리가 나오고 있다. 국제교육협의회(IEA)가 중학생을 대상으로 '사회적 상호 작용 역량'을 조사한 결과, 한국의 경우 시민 의식과 관련한 '지식'은 최상위 수준이었지만 공동체 구성원으로서 경청하고 협조하는 '능력'은 세계 최하위 수준이었기 때문이다. 더불어 사는 힘은 글을 통해 배울 수 있는 것이 아니다. 지식은 책과 인터넷 등 학교 밖에서도 충분히 얻을 수 있지만, 사회성은 친구들과 상호 작용을 함으로써 비로소 길러질 수 있다. 아이를 미래의 인재로 키우고 싶은 엄마라면 염두에 두어야 할 점이 아닐까 싶다.

학교 상담에 성실하게 참여하는 것은 부모의 의무
56

자라면 자랄수록 아이는 부모보다 친구들과 더 많은 시간을 보낸다. 유치원과 학교에 다니기 시작하면 집 밖에서 많은 것을 배우고 경험한다. 어떤 부모도 아이의 성장을 완벽하게 통제할 수 없다. 이것이 가정과 유치원 또는 학교가 서로 협력해야 하는 이유다.

노르웨이는 학부모와 교육 기관의 협력을 매우 중요하게 생각한다. 유치원의 경우에는 1년에 한 번 학부모회와 일대일 부모 상담을 하고, 학교의 경우는 학기당 한 번씩 학부모회와 일대일 부모 상담을 하도록 되어 있다. 이것은 공식적인 횟수이고, 필요에 따라 더 많은 모임과 상담도 가능하다. 학부모회와 부모 상담의 참석률은 100퍼센트에 가깝다. 엄마와 아빠가 함께 참석하거나, 엄마 대신 아빠가 참석하는 경우도 많다.

학부모 상담은 담임 선생님과 학부모가 일대일로 진행한다. 보통 30분가량 이루어지는 상담은 아이의 발달과 변화에 대해 깊이 있는 대화를 나눈다. 이 상담을 하는 내내 아이는 단체의 일부로 치부되지 않고 자신만의 개성과 특성을 확실하게 존중받는다.

첫아이 유치원에서 상담을 받을 때 노르웨이 교사들은 칭찬을 참 잘한다는 생각이 들었다. 교우 관계(누구와 주로 노는지, 어떻게 노는지), 야외 활동, 그룹 활동, 집중력, 신체 활동, 사회성과 감정 발달, 언어 발달과 대화 수준, 식사와 낮잠, 교사(또는 어른)와의 관계 등에 대해 이야기를 나누었는데 구체적 행동에 대해 칭찬을 아끼지 않았다. 여러 아이들이 있는데 어떻게 그렇게 세세한 관찰을 하는지 놀라울 정도였다. 상담 업무를 맡는 선생님은 유아 교육 전공자이기 때문에 아이를 양육하는 데 어렵거나 궁금한 점이 있으면 함께 고민해주기도 한다. 상담 마지막에는 부모의 건의 사항을 수렴해서 앞으로 아이를 어떻게 지도할 것인지 목표를 함께 세운다.

학교에서 이루어지는 일대일 상담에서도 교사는 칭찬을 많이 한다. 학습과 관련한 내용은 평균 수준만 되어도 칭찬을 아끼지 않는다. 성적과 관련해 듣는 이야기는 "잘해요", "참 잘해요", "아주 잘해요" 같은 이야기뿐이다. 선생님은 학습보다 사회성과 관련한 이야기를 더 많이 한다. 교우 관계가 어떻다고 생각하는지, 친구들 사이에서 학교 폭력이나 왕따에 관한 이야기를 들은 것은 없는지 매번 물어보고 재차 확인한다.

한국도 많은 학교에서 학부모 상담 주간을 운영하지만 부모가 신청을 해야 상담이 이루어지는 형태이다 보니 담임 교사가 한 번도 학부모를 만나지 못하고 넘어가는 경우도 많다. 그러나 노르웨이에서는 한 학기에 한 번 상담 주간에 모든 학부모에게 날짜와 시간을 정해 통보하면 부모는 의무적으로 참석해야 한다.

학부모 회의도 한국과는 많이 다르다. 학년별, 반별 모임이 있는데 학교 내에서 발생한 교육 문제에 관해 적극적으로 건의하고 깊이 있는 토론을 한다는 점이 새로웠다. 예를 들어 학교생활에 문제 있는 학생이 있으면 모든 학부모가 어떻게 하면 그 아이를 도와줄 수 있을지 토론한다. 자기 아이의 일이 아님에도 불구하고 도움이 될 만한 정보와 각자의 의견을 적극적으로 공유한다. 아니, 내 아이를 위해서라도 도움이 필요한 아이가 학교생활을 잘 할 수 있도록 함께 힘을 모은다.

학부모 회의에서는 또래 아이들의 문제에 대해서도 함께 이야기를 나눌 수 있다. 이처럼 노르웨이 부모들은 학부모 회의를 통해 정보를 교환하고 도움을 주고받는다.

노르웨이는 학부모들이 학교 행사를 주관하는 경우가 많다. 제헌절 행사나 크리스마스 파티, 학기 말 여름 파티 등을 앞두고는 행사 준비와 진행을 맡을 학부모를 정한다. 행사를 담당하는 학부모들이 회의를 통해서 다른 학부모들의 역할을 조율하고 정해서 궁극적으로는 모든 학생의 부모와 학교가 함께 하나의 프로그램을 만들어간다. 이처럼 노르웨이 교육은 학부모와 교사의 의견 교류를 중요하게 생각한다.

노르웨이 교육에서 중요한 것 한 가지는 엄마들이 아이들 앞에서는 유치원이나 학교에 대한 이야기를 하지 않는다는 것이다. 아이의 친구에 대한 이야기, 친구 부모님에 대한 이야기, 선생님에 대한 이야기를 자제한다. 좋은 말이든 나쁜 말이든 아이에게 선입견을 줄 수 있기 때문이다. 학부모 모임에 가면 선생님들이 공식적으로 알려주는 주의 사항 중 하나이기도 한다.

노르웨이에서 교사와 학부모는 아이를 위해 존재하는 '공동 서포터'다. 각자 맡은 역할이 다를 뿐이다. 교사에게도 권위 같은 것이 없고, 학부모가 사회적 지위가 높다고 우대받는 일도 없다. 황태자도 공주인 딸아이의 학교 상담을 하려면 줄을 서서 순서를 기다려야 한다. 서로가 평등할 때 협력 관계는 더욱 빛을 발하는 법이다.

왕따를 예방하고 육아 품앗이를 실천하는 벤네그루페
57

"엄마, 우리 집에 벤자민이 놀러오기로 했어."

"엄마, 나디아가 집에 놀러오라고 했어."

노르웨이 엄마들은 아이의 말에 귀를 기울인다. 아이가 어떤 친구와 놀고 싶어 하는지 듣고 기억했다가 친구 엄마를 만나면 서로 언제 어디서 만나 놀 건지 일정을 짠다. 아이들은 친구 집에 놀러가고, 친구를 초대해서 노는 것에 익숙하다. 유치원 아이들의 경우에는 부모가 함께 친구 집으로 가서 놀아야 하지만 초등학생 정도만 되어도 혼자 친구 집에서 놀다 오는 경우가 많다. 친한 아이들끼리 놀이 그룹이 생기면 엄마들은 돌아가면서 아이들을 데려와 숙제도 시키고 간식도 챙겨주고 부모가 올 때까지 돌봐준다. 그렇게 서로 집을 오고 가다가 엄마들 사이에 신뢰가 생기면 초등학교 저학년 때부터 친구 집에서 잠을 자는 경우도 흔하다.

노르웨이 초등학교는 입학할 때 같은 반이면 졸업할 때까지 같은 반 친구로 지낸다. 1학년부터 7학년까지 반이 바뀌지 않는다. 그래서 친구 사이에 문제가 생기면 학교생활에 적응하기 힘들다. 그 때문인지 엄마들은 아이들 교우 관계에 신경을 많이 쓴다. 정말 부득이한 경우를 제외하고는 학교 다니는 동안에는 이사도 하지 않는다.

노르웨이 초등학교에는 한국에는 없는 독특한 프로그램이 있다. 벤네그루페(Vennegruppe)라는 프로그램인데, '친구 그룹'이라는 의미다. 담임 선생님은 5~6명씩 한 그룹을 만든다. 학교에 따라서 옆 반 아이들과 섞는 경우도 있지만 대부분 같은 반 아이끼리 한 모둠을 만든다. 같은 그룹에 속한 엄마들은 한 달에 한 사람씩 벤네그루페의 모임을 주관할 당번을 정한다. 그리고 당번이 된 엄마는 순서가 되면 적당한 날짜를 정해서 그룹 친구를 모두 집으로 초대해야 한다.

벤네그루페 프로그램 덕분에 아이들은 평소 같이 놀지 않는 친구들과 사귈 기회를 가질 수 있다. 주기적으로 그룹이 바뀌기 때문에 초등학교를 졸업하기 전까지 모든 아이가 같은 반 친구의 집에 가서 놀 수 있다. 벤네그루페는 학교 폭력을 예방하는 프로그램이자 사회성을 기를 수 있다는 점에서 특히 의의가 있다.

이 모임을 진행하기 위해서는 엄마들의 역할이 매우 중요하다. 보통은 아이들이 자유롭게 어울려 놀 수 있도록 하지만 저학년의 경우에는 서먹서먹해서 시간을 무료하게 보낼 수도 있기 때문에 함께 즐길 수 있는 간단한 프로그램을 만들어주기도 한다. 예를 들면 함께 쿠키나 피자 만들기, 그림 그리기 등이 있다. 벤네그루페 모임이 끝날 때쯤에는 픽업하러 온 부모들과 간단하게 차를 마시면서 이야기를 나눈다.

벤네그루페 모임 당번은 1년에 한두 번 돌아오지만 대부분의 엄마들이 직장을 다니기 때문에 평일에 모임을 주관하는 것은 쉬운 일이 아니다. 그럼에도 불구하고 노르웨이 엄마들은 기꺼이 벤네그루페 프로그램에 참여하고 있다. 이 모임 덕분에 우리 아이가 친구들과 어떻게 노는지 알 수 있고 다른 엄마들과도 교류하는 등 긍정적인 점이 많다고 생각한다.

노르웨이 학교에서는 친구 집 방문을 많이 할 것을 권한다. 아이들은 친구와 놀 수 있어 좋고, 엄마들 입장에서는 서로 '육아 품앗이'를 하고 학교 폭력을 예방하는 차원에서 도움이 된다고 생각하기 때문이다.

벼룩시장의 주인은 아이들이다
58

남편이 동료에게서 메일을 받았다. '딸이 새로 사고 싶은 장난감이 있는데 그동안 쓰던 걸 팔아서 비용을 마련하기로 했으니 여러분이 이 장난감 리스트를 보고 필요한 것이 있으면 연락을 달라'는 것이었다. 리스트에는 장난감 사진과 간단한 설명, 금액까지 정리해놓았다.

노르웨이 부모들은 아이를 위해 그냥 돈을 내어놓지 않는다. 아이가 학교 밴드부나 극단 등에서 활동하고 있으면 연습이나 공연을 위해서 비용이 필요한데, 부모들은 갹출해서 그 비용을 마련하지 않는다. 대신 한 학기에 한 번씩 기금 마련을 위한 벼룩시장을 연다. 벼룩시장을 준비하는 것은 공연 기금을 마련해야 하는 부모와 아이들 몫이다.

벼룩시장에서 파는 물건은 모두 학교 주변 사람들에게 기부를 받은 것이다. 봄 마켓에는 겨울용 썰매나 겨울용 의류 같은 것이 많이 나오고, 가을 마켓에는 여름내 썼던 물놀이용품을 싸게 살 수 있다. 사시사철 나오는 물건은 책, 가구, 옷, 그릇, 장난감, 전자 기기, 장식품, 그림 등 종류도 다양하다.

벼룩시장에 가면 흥정하는 재미가 있다. 아이들이 직접 물건 가격을 결정해서 판다. 손님이 가격 흥정을 해서 직접 대하기 어려울 때는 친구나 부모와 상의해서 결정하기도 한다. 가격이 마땅하든 그렇지 않든 결정권은 아이들에게 있다.

봄과 가을에는 벼룩시장을 여는 학교가 꽤 많은데, 날짜가 중복되면 어떤 곳에 가야 할지 고민스럽다. 학교마다 어떤 물건이 있을지, 누가 먼저 좋은 물건을 차지할지 긴장감과 재미가 함께 느껴진다. 물가가 비싸다 보니 자연스럽게 세일 기간을 기다리고, 또 세일보다는 중고 상품에 먼저 눈길을 돌리게 된다. 평소 필요한 물건을 생각해두었다가 벼룩시장에서 그 물건을 찾았을 때 느끼는 기쁨도 꽤 크다.

우리 가족은 아이들에게 보여줄 노르웨이어 그림책을 많이 고른다. 서점에서 그림책 한 권을 사려면 한국 돈으로 3만 원이 훌쩍 넘는다. 하지만 벼룩시장에 가면 한 권에 보통 2000~3000원 정도, 열 권을 사도 새 책 한 권 값보다 쌀 때가 있다. 선심 쓰듯 아이들에게 원하는 장남감을 고르라고 해도 부담이 없다. 한 번은 1크로네(한화 150원)를 주고 작은 인형을 사온 적이 있는데 딸아이는 그것만으로도 행복해했다. 자신이 지불한 돈은 그 학교 학생들의 활동에 쓰이는 것이니 서로 기쁜 마음으로 사고파는 것이 노르웨이의 벼룩시장이다. 벼룩시장이 끝난 후 남은 물건은 저소득층이나 다른 나라에 기부한다고 하니 사회적으로도 긍정적인 효과가 있다.

개인적으로 마켓을 여는 아이들도 있다. 한 번은 아파트를 산책하는데

앞 동에 사는 3남매가 작은 박스 위에 주스와 컵을 올려놓고 한 잔에 10크로네(한화 1500원)를 받으며 팔고 있었다. 용돈이 필요해서 주스를 팔고 있다는 말이 너무 귀여워서 몇 마디 더 나누고 주스 한 잔을 사 먹었다. 또 한 번은 남편의 생일 케이크를 사러 마트에 간 적이 있다. 그런데 마트 입구에서 중학생쯤으로 보이는 아이들이 꽤 다양한 종류의 빵을 팔고 있었다. 케이크가 있어서 얼만지 물어보았더니, 한 번에 10크로네인 뽑기를 해서 나오는 번호에 해당하는 빵을 준다는 것이었다. 나는 "딸과 함께 케이크를 사러 나왔는데 이 케이크가 맛있어 보이니 적당한 가격에 팔라"고 했다. 보통 마트에서 파는 케이크도 2만 원은 넘는데 아이들은 1만 원에 케이크를 건네주었다. 들인 재료와 정성을 생각하면 더 받아도 될 것 같았지만 아이들은 서로 상의해서 적절한 돈만큼만 받는 것 같았다.

자본주의 사회에서 '경쟁력'은 '경제력'과 무관하지 않다. 경제 교육은 부모의 일상적인 말과 행동을 통해 매일 이루어지고 있다. 그러니 부모는 지갑을 열 때마다 자신이 아이의 경제 교사라는 생각을 하고 행동해야 한다. 부모가 돈을 쉽게 얻고 쉽게 쓰는 것처럼 보이면 아이도 돈의 가치를 쉽게 생각하게 된다. 노르웨이 부모들은 아이가 원한다고 해서 지갑을 바로바로 열지 않는다. 돈이 필요하면 직접 벌어서 쓸 줄도 알아야 한다는 것을 말이 아니라 행동으로 보여준다.

안전 과민증의 나라, 노르웨이
59

 노르웨이는 카시트 사용에 매우 엄격하다. 출산 후 병원에서 퇴원할 때부터 카시트 없이는 신생아를 데리고 차에 탈 수 없다. 병원 바로 앞에서 경찰이 지키고 있는 경우도 있다. 그래서 노르웨이 부모들의 출산 준비 용품 목록에는 반드시 카시트가 포함된다. 첫아이를 출산할 때 자가용이 없던 우리 부부는 당연히 카시트도 없었다. 그러자 병원에서는 바구니형 카시트를 대여해주고, 간호사가 사용법까지 자세하게 설명해주었다.

 택시를 이용할 때도 아이를 동반하고 있으면 카시트를 갖춘 차를 골라 타거나 직접 카시트를 들고 승차해야 한다. 택시를 예약할 때도 아이를 동반한다는 사실을 알려야 하고 카시트를 갖췄는지 여부를 확인해야 한다. 심지어는 카시트가 있는 택시를 섭외할 때까지 30분이든 1시간이든 기다려야 할 때도 있다.

 예전에 기차 안에서 유모차에 카시트까지 들고 있는 엄마를 본 적이 있다. 그것도 엄마 혼자 두 아이를 데리고 말이다. 그 모습을 보면서 노르웨이에서는 카시트가 정말 중요한 용품이라는 생각이 들었다.

한국 운전면허가 있는 사람이 노르웨이 운전면허증을 받으려면 1시간 동안 고속도로와 국도, 거주 지역을 도는 실기 시험을 치러야 한다. 노르웨이 운전면허 실기 시험에서 중요한 것 중 하나가 바로 규정 속도 지키기와 보행자 배려다. 특히 거주 지역에 진입하면 30킬로미터 이하로 주행하도록 되어 있어 계기판과 도로를 번갈아보느라 진땀을 흘린 기억이 있다.

도로에서 운전자는 항상 보행자를 우선적으로 보호해야 한다. 신호등 설치 유무와 상관없이 모든 횡단보도에서 보행자의 안전이 우선이다. 노르웨이는 무단 횡단 벌금이 없다. 그래서 종종 무단 횡단하는 사람이 있는데 만약 사고가 나면 운전자 책임이다. 횡단보도에서 빨간불일 때 사고가 나도 운전자 과실이다.

이처럼 차보다 사람이 우선인 나라이지만 보행자는 항상 안전사고에 대한 경각심을 가지고 스스로의 안전을 위해 노력한다. 가장 눈에 띄는 것이 리플렉터(reflector)다. 리플렉터는 반사 팔찌와 반사 조끼 등의 액세서리를 말한다. 노르웨이는 겨울이면 해가 일찍 지기 때문에 많은 사람이 반사 팔찌를 사용한다. 양쪽 팔에 끼고 발목에까지 차는 사람도 있다. 목적은 한 가지, 자동차 사고를 예방하기 위해서다. 반사 팔찌를 착용하면 사고 위험이 85퍼센트 줄어든다고 한다. 어둠 속에서 운전자가 보행자를 알아차리는 거리는 25~30미터인데 반해 반사 팔찌 등을 사용하면 140미터 밖에서도 알아차릴 수 있다고 한다.

노르웨이는 거의 20년 전부터 모든 사람, 특히 아이들에게 리플렉터 사용을 독려해왔다. 제일 많이 사용하는 것이 반사 팔찌이고 그 외에 가방이나 옷에 부착하는 반사경, 아동용 반사 조끼 등이 있다. 반사용품은 상점에서 쉽게 구할 수 있고 가격도 저렴하다. 관공서나 기업에서 행사를 할 때 반사용품을 답례품으로 주는 경우도 많다.

노르웨이 유치원은 일주일에 한 번 소풍 가는 날이 있는데, 거의 빠짐없이 형광 반사 조끼를 착용한다. 초등학교에서도 등하교할 때는 반드시 리플렉터를 착용하도록 안내하고 있다. 한국 엄마들이 보기에는 정말 안전한 도로인데도 색색의 형광 조끼를 입고 등교한다.

노르웨이는 자전거를 타고 출퇴근하는 사람이 많다. 성인도 헬멧과 반사 팔찌와 반사경으로 부족해서 아예 형광색 반사 조끼나 형광색 점퍼를 입고 다닌다. 한 번은 남편이 헬멧을 쓰지 않고 자전거로 출근했다가 지나가던 사람들한테 여러 번 주의를 듣기도 했다. 노르웨이 사람들은 안전에 관해서는 민감할 정도로 규칙을 잘 지키고 스스로 보호 수단을 잘 챙겨 다닌다.

교실에서의 평등이 노르웨이를
평등사회로 만든다

60

노르웨이에 사는 한국 엄마들이 모여서 이야기할 때, 가장 열띤 토론 주제는 아이들의 교육이다.

"딸아이가 영어 숙제를 하면서 예습을 좀 해갔는데, 선생님한테서 메일이 왔어요. 예습을 하지 말아달라고요."

노르웨이에서는 선행 학습을 하면 선생님께 경고 메시지를 받는 경우가 종종 있다. 아이의 수업 흥미도를 떨어뜨리고 친구들과 형평성에 맞지 않다는 이유 때문이다.

원래 노르웨이 초등학교 1학년은 프리 스쿨이었다. 만 6세 되는 해에 입학하는 프리 스쿨은 유치원과 학교의 중간쯤 되는 단계로, 학교생활에 적응하고 학습할 준비를 하기는 하지만 놀이 활동이 여전히 중요했다. 그러다 1992년부터 프리 스쿨이 없어지고 초등학교가 7년제로 바뀌었다. 프리 스쿨 개념이 점점 사라지면서 학교에 입학하기 전 집에서 알파벳을 가르치는 경우가 점점 많아지고 있다. 그러나 취학 전 글자를 모른다고 해서 학습에 문제가 되지는 않는다. 학교에 입학한 후부터 배우면 되기 때문이다. 교사는 학급에 알파벳을 알고 있는 아이가 대부분이어도 모르는 아이가 없도록 천천히 반복해서 가르친다. 이는 학년이 올라가도 마찬가지다.

노르웨이 교육은 같은 출발선에서 시작해 모두가 함께 결승점에 도달하는 것을 중요하게 생각한다. 교육 활동에서 '평등'은 가장 우선되는 가치다. 그래서 한국처럼 영재 교육, 우수한 학생을 위한 교육 시스템이 체계적으로 갖춰져 있지 않다. 학습 능력이 뛰어난 아이들은 교사의 관심 대상이 아니다. 필자 지인의 딸아이는 영어를 잘한다. 그런데 선생님이 다른 아이들보다 영어를 잘한다는 걸 너무 드러내지 말라는 주의를 주었다고 한다.

학업 능력이 뛰어난 것은 그 아이의 개인적 성취일 뿐이고, 학교는 부족한 아이들을 평균적인 학업 수준으로 끌어올리는 것에 교육의 초점을 맞춘다. 덕분에 모든 아이가 배움의 현장에서 소외되지 않고, 학업 능력을 기를 수 있다.

노르웨이의 평등 교육은 학습뿐만 아니라 생활 규칙을 지키는 것에도 반영되어 있다. 어느 한국 엄마의 아이가 맛있는 김밥 도시락을 싸 가지고 학교에 갔는데, 친구들이 하나씩 먹어보고 싶어 했다. 선생님은 반 전체 아이들이 아닌 몇 명의 친구만 먹는 것은 안 된다고 주의를 주었다. 어찌 보면 사소한 것 같지만 노르웨이 유치원이나 학교에서는 당연한 규칙이다. 모두가 다 먹을 수 있는 양이 아니면 과자 같은 것도 학교에 들고 와서는 안 된다.

경쟁보다는 평등을 강조하는 교육 환경이 아직까지 노르웨이 사람들의 지지를 받고 있다. 노르웨이의 교육은 엘리트를 양성해서 나라의 발전을 꾀하는 것이 아니라 다 함께 배워나가는 것에 더 의의를 둔다. 덕분에 노르웨이 사람들은 자신의 재능에 대해 겸손하고, 능력이 부족한 사람을 배려하는 자세를 가지고 있다. 이러한 노르웨이 사람들의 특징은 평등한 사회를 만드는 초석이기도 하다.

시위와 정당 가입으로
사회 참여를 실천하는 아이들
61

　필자 지인의 딸과 이야기를 나누다가 실제로 시위에 참여한 적이 있다는 말을 듣고 놀랐던 기억이 난다. 지난 2016년 5월 수만 명의 노르웨이 고등학생이 학교에 가지 않고 거리로 나와 시위를 한 적이 있었다. 학생들이 화가 났던 이유는 질병 결석에 대한 처리 방법이 바뀐 때문이었다.

　노르웨이 고등학생은 한국 대학생과 비슷한 정도의 자율적인 학교생활을 한다. 자신에게 필요한 과목을 선택해서 듣고, 출결 관리도 스스로 한다. 원래 2학년부터 부모 동의 없이 스스로 학교 출석에 대한 행정적인 처리를 할 수 있다. 건강상의 이유로 하루 정도 쉬고 싶다면 학생이 직접 교사에게 연락을 취하면 된다.

　그런데 새롭게 바뀐 출석 처리 규정에 따르면 의사의 소견서를 첨부해야만 질병 결석으로 인정받을 수 있다. 문제는 노르웨이 의료 시스템상 아프다고 해서 당장 의사를 찾아가 소견서를 받을 수 있는 게 아니라는 데 있다. 주치의 진료를 받으려면 미리 예약을 해야 하고, 3~4일이나 길게는 일주일 뒤에 날짜를 잡는 경우가 대다수다. 그런데 변경된 규정에 따라 질병 결석으로 인정받으려면 어떻게든 당일에 의사를 만나야만 한다.

규정상 무단으로 10퍼센트 이상 결석하면 해당 과목의 성적을 받을 수 없는데, 주당 수업 시수가 적은 과목의 경우에는 한 번만 무단결석 해도 10퍼센트가 넘을 수 있다. 딱 한 번 아파서 결석하더라도 의사의 소견서를 받지 못하면 그 과목을 이수하지 못한다. 학생들 입장에서는 불합리하고 비민주적으로 바뀐 결석 처리 규정 때문에 시위까지 하게 된 것이다.

노르웨이 정당의 하위 그룹에는 그 당과 생각을 같이하는 청소년들이 활동하는 청소년 당이 있다. 2012년에는 로데 지역의 소위원회에서 15세 소년인 알렉산더 스키가 자유당의 대표를 맡은 적도 있다. 청소년들의 현실, 청소년들에게 필요한 정책은 당사자가 직접 나서야 가장 잘 대변할 수 있다는 취지에서 시행하는 제도이다.

학생들이 시위에 참여하고 정당에 가입하는 등 정치에 관심을 갖는다는 게 한국 어른들에게는 낯설고 두려운 일일지도 모른다. 하지만 노르웨이에서는 아이들의 '사회 참여'가 자연스러운 일일 뿐만 아니라 학교와 부모도 이를 적극 지지한다.

노르웨이의 많은 청소년들은 지역의 자원봉사 단체에 소속되어 꾸준히 활동하거나 여러 NGO 단체를 통해 인권, 환경, 보건, 성차별 등 사회 현안에 대해 관심을 가지면서 '사회 참여' 경험을 쌓는다.

노르웨이 아이들은 이런 꾸준한 '사회 참여' 활동을 통해 자신들이 살고 있는 사회에 대해 배운다. 사회를 어떻게 변화시켜야 할지 고민한다. 그리고 고등학교를 졸업함과 동시에 사회 구성원으로 자연스럽게 흡수된다.

나는 노르웨이 학생들이 자신과 관련한 일을 수동적으로 받아들이지 않고 적극적으로 행동하는 것, 그리고 학생들이 이렇게 자기표현을 할 수 있도록 제도를 마련하고 분위기를 조성해주는 것을 한국 사회가 본보기로 삼을 만하다고 생각한다.

노르웨이 아이들은
모두 1등이 될 수 있다
62

한국 아이들이 열심히 공부하는 이유는 좋은 대학에 입학하기 위해서다. 그래서 좋아하는 것, 하고 싶은 것을 대학 진학 후로 미루고 공부에만 집중한다. 노르웨이 학생들에게 한국 고등학생은 하루 13시간 이상씩 학교에서 공부를 한다고 이야기하면 도무지 이해를 하지 못한다. 노르웨이 학생들의 일상과 입시 제도를 조금만 살펴봐도 그 이유를 알 수 있다.

노르웨이 고등학생은 오후 2시부터 하교를 시작한다. 수업이 많아서 늦게 마쳐도 오후 4시다. 방과 후에는 원하는 것을 하며 보낸다. 동아리 활동이나 개인적으로 좋아하는 운동을 한다. 친구와 놀고, 때로는 엄마와 쇼핑하면서 시간을 보낸다. 주말에는 아르바이트를 하고, 봉사 활동을 하기도 한다. 부모가 외출한 틈을 타 친구들과 모여 파티를 열기도 한다. 지금까지 언급한 것은 노르웨이 고등학교에서 최고의 내신 성적을 받은 아이들만 입학한다는 오슬로 의대생들의 고등학교 시절에 대해서 들은 내용이다.

노르웨이 아이들도 좋은 고등학교, 원하는 대학의 학과에 진학하려면 내신 성적이 중요하다. 노르웨이는 고등학교 내신 성적 하나만으로 대학 입시를 치른다. 면접도 없다. 그럼에도 불구하고 '대학 수학 능력 시험' 같은 과정이 없다. 한국과 노르웨이 두 나라의 학생이 좋은 '내신 성적'을 받기 위해 공부하는 면면을 들여다보면 상충되는 부분이 많다. 한국 중고등학생은 과목별로 수행 평가를 해야 하고, 객관식 지필 평가와 서술형 수행 평가까지 치러야 한 학기 성적을 받을 수 있다. 반면 노르웨이 중고등학생은 수업 시간에 선생님이 내주는 에세이 과제와 발표 과제를 통해 성적을 받는다.

노르웨이 학교에는 객관식 시험이 없다. 노르웨이 학생들에게는 객관식 시험이라는 말 자체가 어색하다. 중학교 3학년부터 공식적인 시험(Eksamen)이 있고, 그 결과를 등급의 형태로 받는다. 시험은 서술형과 구술형 평가의 형태로만 치러지는데, 외부 시험관을 통해 평가 결과의 객관성과 공정성을 높인다. 아울러 시험 결과에 대해 이의 제기를 할 수 있고, 재시험 기회도 얻을 수 있다. 노르웨이 시험 제도의 특이한 점은 한 학생이 모든 과목의 시험을 치르는 것이 아니라 각자 뽑힌 과목만 치르면 된다는 것이다. 시험 날짜는 미리 공지하지만 어떤 과목을 치르게 될지는 시험에 임박해서 알 수 있다. 그래서 전 과목을 공부하다가 영어 과목 서술 시험 대상자가 되면 영어로 논술을 해야 하고, 구술 시험 대상자가 되면 30분 동안 시험관 앞에서 영어로 말을 해야 한다. 요컨대 노르웨이에서 우등생이 되려면 충분한 교과 지식을 바탕으로 표현력, 논리력, 창의력, 비판력, 순발력을 동시에 갖춰야 한다.

노르웨이 학생은 초등학교 때부터 에세이 쓰기와 발표 과제를 통해 배운 지식을 표현하는 능력을 키운다. 주어진 정보를 이해하고 기억하는 것이 일차원적 수준의 공부라면, 배운 지식에 자신만의 창의적이고 비판적인 생각을 덧붙여 글을 쓰고 말로 표현하는 것은 고차원적 공부 방법이다.

무엇보다 노르웨이 시험 제도는 상대 평가가 아니어서 친구가 성적을 잘 받는다고 해서 내 성적이 떨어지는 구조가 아니다. 따라서 친구들을 서로 경쟁 상대로 여기지 않아도 된다. 객관식 시험이면 모르는 것을 우연히 맞힐 수도 있지만, 서술형과 구술형 평가를 치르면 학생들은 각자 공부한 만큼 정직하게 성적을 받을 수 있다. 아울러 다른 학생과 구체적으로 비교할 수 없다. 그래서 엄마들은 자기 아이가 열심히 공부해서 얻은 성적에만 집중할 뿐 다른 아이들과 비교할 수도 그럴 필요도 없다. 노르웨이는 '1등과 2등을 구분하는 교육'이 아니라 '모두가 1등이 될 수 있는 가능성을 염두에 둔 교육'을 하기 때문에 부모는 아이를 닦달할 필요가 없고, 아이들은 서로 따뜻한 경쟁을 하며 학창 시절을 보낼 수 있다.

조금 힘이 빠지는 이야기지만 노르웨이에서 한국 대학의 간판은 '우물 안 꼬리표'와 비슷하다. 외국에서는 한국의 대학 서열을 중요하게 여기지 않는다. 해외에 나와 살며 직접 느끼기 전에는 미처 생각하지 못했던 사실이다. 우리가 어렸을 때와 비교해도 세상은 너무 많이 그리고 빨리 변하고 있다. 내 아이의 유년 시절을 '줄 세우기 입시 제도'에만 집중하며 보내게 할지, 아니면 '내 아이만의 독자 노선'을 구축해야 할지 곰곰이 생각해볼 필요가 있다.

노르웨이에서는
대학을 나오면 손해
63

　노르웨이도 젊은이들이 선호하는 직업과 회사가 있고, 직업별 연봉 순위가 매년 공개된다. 근무 여건의 만족도 등으로 직업을 평가해서 순위를 매기기도 한다. 의사, 변호사와 엔지니어는 노르웨이 젊은이들이 가장 선호하는 직업이다. 하지만 모든 부모가 아이들이 인기 직종에 종사하기를 원하는 것은 아니다. 부모 입장에서는 어떤 일을 하든 자녀의 행복이 우선이다.

　엄마들이 이렇게 여유로울 수 있는 이유는 연봉 차이가 3~4배 나더라도 많은 연봉을 받는 만큼 세금 비율이 커지므로 결국 전기 기사와 의사를 비교하면 실제 삶에서는 큰 차이 없이 살아갈 수 있기 때문이다. 그리고 노르웨이에서는 기술을 가지고 있으면 경제적으로나 사회적으로 그 가치를 제대로 인정받는다. 전기 기사를 부르면 콘센트 몇 개를 바꿔주고 1시간도 안 돼서 3000~4000크로네(한화 45만~60만 원)를 받는다. 미용실에서 머리를 하려면 미리 예약을 해야 하고 비용도 한국의 평균적인 가격에 비해 비싸다. 게다가 머리를 손질하다가 정해진 시간이 초과되면 손님에게 비용을 더 받는다.

노르웨이 고등학교의 직업 교육 과정은 건설, 디자인, 전통 공예, 전기, 보건, 영양, 청소년, 서비스, IT, 기술, 농업, 어업 등 다양한 직업군에 맞게 설계되어 있고, 원하는 분야의 전문성을 기를 수 있도록 짜여 있다. 한국의 전문대학에서 배우는 것이 노르웨이에서는 고등학교 직업 과정에서 이루어진다고 보면 된다. 보통 일반계 고등학교에 비해 1년 더 긴 총 4년 과정이 많다. 2년은 이론 공부와 실습을 하고 나머지 2년은 직접 해당 직종에 종사하는 사람들과 함께 일하며 인턴십 과정을 거친다.

이렇게 원하는 전문 기술이나 직종을 미리 정해서 전문적인 교육을 받으면 대학을 나왔을 때보다 최소 6년은 일찍 사회생활을 시작할 수 있다. 대학을 다니면 학자금 대출을 받아야 하고 나중에 취업해서 이를 갚아나가야 하는데, 고등학교 때부터 일을 시작하는 셈이니 경제적으로는 훨씬 이득이다. 그래서 노르웨이 젊은이들은 전문 기술을 갖고 일을 하다가 공부가 더 필요하다고 생각되면 그때 대학에 들어간다.

한국 엄마들은 아이가 실업계 고등학교에 진학하는 것을 꺼려 한다. 그러다 보니 어느 지역에는 인문계 고등학교만 있고 실업계 고등학교가 아예 없는 곳도 있다. 사회적 시선과 엄마의 바람 때문에 인문계 고등학교를 다니지만, 미용 기술을 배우고 싶어 하거나 요리 학원을 다니고 싶어 하는 아이도 많다. 그런 아이들은 미운 오리 새끼처럼 선생님과 부모님을 상대로 고독한 싸움을 하며 고등학교 시절을 보내야 한다. 그런데 정작 해외에서 살아보니 자기만의 기술을 가지고 있을 때 정착하기 더 수월하다.

노르웨이에서는 대학에 진학할 예정인 학생들도 고등학교 졸업하고 대학에 바로 진학하기보다는 인턴십 프로그램이나 해외 연수, 해외 봉사, 여행 등을 하면서 자신이 무엇을 공부하고 싶은지 생각할 시간을 갖는 경우가 많다. 사회 경험을 쌓고 원하는 전공을 결정한 후 입학 원서를 내면 고등학교 성적에 추가 점수까지 얻어 대학에 들어갈 수 있기 때문이다.

노르웨이 부모와 아이들에게 대학은 정말 선택이다.

세상에서 가장 자유로운 학교 '포크하이스쿨'

64

　노르웨이에는 세상에서 가장 자유로운 학교라고 불리는 포크하이스쿨(folkehøgskole)이 있다. 1년 동안 자신이 원하는 분야를 선택해서 즐기며 배울 수 있는 학교다. 노르웨이 전역에 80개 포크하이스쿨이 있는데 입학 조건에 특별한 제한은 없다. 보통은 정식 고등학교를 졸업한 후 대학이나 직업을 정하기 전 이 학교에 진학한다. 휴식과 동시에 미래를 설계하기 위한 시간을 보내기 위해서다. 오늘날 노르웨이 청년 중 10퍼센트 이상이 이 학교를 거쳤고, 지원자 수는 지난 10년간 꾸준히 증가하고 있다.

　포크하이스쿨은 나라에서 정한 엄격한 교육 과정이나 시험이 존재하지 않지만 원칙적으로 공적 교육 기관에 속한다. 그래서 수업료가 무료다. 하지만 1년 과정에 평균 10만 5000크로네(한화 1575만 원)의 등록금을 지불한다. 학교마다 조금씩 다르지만 이 등록금에는 입학료와 기숙사비, 식비, 기타 생활비(세탁비나 인터넷 이용료 등), 여행비, 활동비 등이 포함된다.

포크하이스쿨의 전공은 총 666가지인데 이를 분류해 몇 가지만 예를 들면 다음과 같다.

- 야외 활동, 스포츠: 탐험, 무술(태권도 포함), 구기 종목(농구, 배구 등), 요가, 겨울 스포츠(스키, 보드, 크로스컨트리 등), 익스트림 스포츠
- 여행, 문화, 단체(연대): UN & 세계 정치, 세계 여행(미국, 스페인, 라틴 아메리카, 스리랑카, 태국, 중국, 한국, 일본 등), 유럽 자동차 여행, 카누 여행, 사파리
- 미디어, 커뮤니케이션: 사진, 영화, 소셜 미디어, 게임 개발/디자인
- 음악, 무대, 영화: 연기, 연출, 춤, 코러스, 오케스트라 밴드
- 예술과 예능: 패션 디자인, 만화 수업, 작가 수업
- 기타: 헬스 케어, 리더십 교육, 안보, 심리학, 사회 정의

학생은 모두 기숙사 생활을 한다. 그래서 다른 지역, 혹은 다른 나라에서 온 친구들과 좋아하는 것을 공유하며 1년 동안 함께 지낼 수 있다. 대학이나 직장을 다녔던 사람에게는 이보다 더 좋은 일상의 탈출이 없을 것이고, 고등학교를 갓 졸업한 청년에게는 부모로부터 자유를 얻어 독립할 수 있는 기회이자 사회인이 될 준비를 하는 곳이다. 즉 포크하이스쿨을 선택한 청년 모두가 가족의 품이나 일상에서 느끼지 못한 다양한 감정과 새로운 경험을 통해 새로운 삶의 에너지를 충족할 수 있다.

포크하이스쿨에 다녀야 하는 여덟 가지 이유가 있다.

1. 당신의 관심 분야를 보다 더 심층적으로 공부할 수 있다.
2. 노르웨이 전체 그리고 다른 나라에서 온 사람을 알 수 있다.
3. 다른 사람들과 함께 일하는 것을 배울 수 있다.
4. 성적에 대한 압박 없이 배울 수 있다.
5. 자신을 둘러싼 세계에 관심을 표현하고 적극적으로 참여할 수 있다.
6. 수료증을 받을 수 있다.
7. 전문성 있는 선생님들에게 개인적 상담과 가이드를 받을 수 있다.
8. 실용적인 경험을 얻을 수 있다.

역시 노르웨이답게 포크하이스쿨에도 '사회성' 및 '공동체'와 관련한 활동이 매우 중요하다. 전공 과정과 부전공 과정의 수업에서도 함께 해결해야 하는 크고 작은 과제가 있고, 방과 후 활동에도 그룹 토론 같은 공동체 활동이 포함되어 있다. 그리고 '조인트 클래스(Joint class)'라고 해서 모든 학생이 함께 참여해 문학, 합창, 춤, 신체 활동, 사회과학, 철학과 관련한 활동을 하는 시간이 있다. 청년들은 시험이나 경쟁에서 완전히 자유로운 이 학교에서 타인과 협력하고, 의견을 나누고, 문제를 해결해나가는 사회 공동체를 경험한다. 그리고 외국인은 노르웨이 문화와 언어를 배우고, 노르웨이 청년과 교류하는 좋은 기회를 얻을 수 있다.

포크하이스쿨에서 여행 전공 과정을 다닌 한국 유학생 디솔 씨는 그 소감을 다음과 같이 이야기한다.

"복지정책이 잘 정착한 북유럽 국가에서 한 번쯤 살아보고 싶었어요. 제 또래 친구들은 어떤 가치관을 가지고 살아가는지, 어떻게 미래를 준비하는지 궁금했어요. 학교 수업에서 오는 스트레스도 없었고, 1년 동안 제가 해보고 싶었던 것에만 집중하며 저에 대해 많은 걸 알게 된 것 같아요."

자기가 좋아하는 것을 하면 자연스럽게 자신을 들여다보고 또 자신을 사랑하게 된다. 바로 이것이 노르웨이 포크하이스쿨이 청년들에게 주는 귀한 졸업 선물이다.

신뢰를 키우고 평등을 가르치는
노르웨이 엄마의 힘

1판 1쇄 인쇄 2017년 9월 10일
1판 1쇄 발행 2017년 9월 17일

지은이　　김현정
발행인　　허윤형
펴낸곳　　황소북스
주소　　　서울 마포구 양화로 157, 506호
전화　　　02 334 0173　**팩스** 02 334 0174
홈페이지　www.hwangsobooks.co.kr
블로그　　http://blog.naver.com/hwangsobooks
포스트　　http://post.naver.com/hwangsobooks
커뮤니티　http://cafe.naver.com/hwangsobooks
인스타그램 @hwangsobooks
등록　　　2009년 3월 20일(신고번호 제 313-2009-54호)

ISBN 978-89-97092-80-2(13590)

ⓒ 2017 김현정

* 이 책은 황소북스가 저작권자와의 계약에 따라 발행한 것이므로
  본사의 서면 허락 없이는 어떠한 형태나 수단으로도 이 책의 내용을 이용하지 못합니다
* 잘못된 책은 구입하신 서점에서 바꾸어 드립니다.
* 책값은 뒤표지에 있습니다.